MEPHISTO JUNIORS MASCHE
von Bodo Pipping

MEPHISTO JUNIORS MASCHE

18 ABGRÜNDIGE GOLFGESCHICHTEN

von Bodo Pipping
Cartoons: Fred Fuchs

Text: © Bodo Pipping
Cartoons: © Fred Fuchs
Veröffentlicht in: Books on Demand GmbH
Gutenbergring 53
D-22848 Norderstedt
ISBN 3-8311-2592-9

Der große Humorist P. G. Wodehouse verlangte einst,
die Kritiker seiner Golfgeschichten sollten ihr Handicap
in Klammern setzen. So wisse er einen Verriss wie
„wir haben einmal herzlich gelacht über einen
Druckfehler" durch (54) einzuschätzen,
ein Lob wie „ein wahres Meisterstück"
durch (0) gesteigert.

Über den Autor:
Bodo Pipping ist Berliner, Journalist, Mann der Nachrichten, ver-
heiratet, eine Tochter. Lebt bei Bonn. Spielt im Golfclub Wald-
brunnen im Siebengebirge, hat Stammvorgabe 23,1 (prekär),
schrieb das Buch nach dem Motto „dem Redakteur ist nichts zu
schwöhr". Hält es mit Mark Twain, wenn einer fragte: was will uns
der Autor damit sagen? Der rammte einst an der Biegung des gro-
ßen Mississippi ein Schild ein: „Wer versucht, ein Motiv in diesen
Geschichten zu finden, wird strafrechtlich verfolgt. Wer darin eine
Moral finden will, wird verbannt. Wer versucht, eine Handlung zu
entdecken, wird erschossen." Er soll angeblich Golf einen „verdor-
benen Spaziergang" genannt haben. Mein Gott, Mark!
Mit Fred Fuchs spielte der Autor so manche Runde. Der ist in
letzter Zeit so gut geworden. Ob er seine Seele Mephisto Junior ver-
kauft hat?

SCORE-KARTE

DIE VORSTANDSSITZUNG

Wer verteufelt gut golfen will...
Wie nahe sind im Kinderspiel Himmel und Hölle?

Der Hahn hatte dreimal gekräht. Mit der fein abgestimmten Verspätung, die seinem Rang zustand, betrat der Vorsitzende den wohltemperierten Raum.

Die sieben Generalvertreter von Stolz, Geiz, Unkeuschheit, Neid, Unmäßigkeit, Zorn und Trägheit waren nervös. Hinter ihnen saßen die Filialleiter der angeschlossenen Branchen, die im Laufe der Zeit die archaischen Todsünden ergänzt hatten, je mehr die Menschheit sich so wunderbar zu ihrer gegenwärtigen Verfassung entwickelt hatte. Man wusste, dass der Vorsitzende unzufrieden war. Der Chef war ein ewig Strebender mit einem neurotischen Drang zur Perfektion. Der typische Abtrünnige.

„Meine Damen und Herren!" eröffnete der Vorsitzende die Versammlung (man war von Anbeginn der Zeiten ein Unternehmen ohne Diskriminerung der Geschlechter). „Seit der berühmten Affäre mit dem Apfel liegen wir gut im Rennen gegen die Konkurrenz. Ich wüsste um keine Zeit, da wir nicht mit voller Last fahren konnten."

Man lächelte wohlgefällig in der Runde und lehnte sich entspannter zurück.

„Jedoch: ich bin zu der Überzeugung gelangt, dass wir es versäumt haben, den Anschluss an die sich wandelnden Zeitläufte zu finden. Ja, ich meine sogar, wir sollten die Firma in ihrer alten Form auflösen, wenn uns nicht etwas einfällt, was die Unternehmensphilosophie neu belebt. Ihre Vorschläge bitte!"

Niemand in diesem Kreis hatte je daran gedacht, dass sein

Arbeitsplatz nicht bombensicher wäre. Das Schweigen im Raum wurde immer lastender. Vernehmlich rülpste ein Vertreter der Völlerei. Schließlich wagte sich eine recht ansehnliche Repräsentantin von Unzucht und verwandten lieben Sünden aus der Deckung.

„Man könnte vielleicht die PR-Arbeit verbessern und etwas gegen unser schlechtes Image tun."

Der Vorsitzende warf der Dame einen vernichtenden Blick zu.

„Das beweist, dass ich nicht verstanden wurde. Und zugleich, dass bestimmte Denkschablonen über äußere Erscheinung im Missverhältnis zu intellektuellen Kräften durchaus nicht unberechtigt sind."

Die Dame mit dem platinblonden Haar über dunklen Ansätzen errötete und spitzte den Mund.

„Ich wüsste nicht, dass meine Ziele und Intellekt je miteinander ins Gehege…"

Der Vorsitzende hob auf unnachahmliche Weise eine gebieterische Hand.

„Unser Standard-Image vom ewigen Feuer war und ist eine durchaus brauchbare Fassade. Ich räume ein, dass unsere Sache ihre paradoxe Anziehungskraft zu verlieren droht. Die beherrschende Stellung am Markt der Seelen ist gefährdet, solange uns nicht die Erfindung eines Perpetuum mobile gelingt. Etwas, was die Massen in den Bann schlägt und für uns gewinnt, ohne dass es die Menschen so recht gewahr werden."

Der Vertreter des Spieltriebs, wegen seiner modernistischen Erfindungen wie Fernsehen, Internet und ähnlichem Unfug in Kreisen der Traditionalisten verachtet, hob den Finger. Es ging das Gerücht, er sei der jüngste Spross des Vorsitzenden und genieße sein besonderes Vertrauen. Das Wort wurde ihm erteilt.

„Ich glaube, ich habe da etwas Verheißungsvolles, das mir seit Beginn des 15. Jahrhunderts aufgefallen ist…"

Die Runde murrte vernehmlich.

„Fahre fort!" befahl der Vorsitzende. „Obwohl ich selbstverständlich die Zählart eines Zeitabschnitts nach der Gründung einer uns sehr schädlichen Vereinigung rügen muss."

„Seit… äh… längerer Zeit schaue ich einer Bewegung zu, die immer mehr anschwillt. Sie alle wissen, dass unsere Erfindungen und Nachstellungen nicht immer gleich verfangen. Es ist nicht berechenbar, was sich aus kleinen Anfängen zu wünschenswertem Wahn steigert."

Das war eine geschickte Vereinnahmung. Alle hatten solche Erfahrungen hinter sich.

„Ich war höchst verblüfft, was sich entwickelte aus dem harmlosen Zeitvertreib einiger Niederländer, die mit einem Stab, den sie 'Kolf' nannten, kleine Bälle über das Eis jagten. Es gelang mir, die mit ihnen über Handel verbundenen Schotten, eine überaus merkwürdige Spezies Mensch, für dieses Spiel zu interessieren. Die Schotten verlegten das Spiel in ihre Gras- und Heidelandschaften an ihren unwirtlichen Küsten. Heute schwingen sie weltweit das Zepter eines fantastisch komplizierten Regelwerks über 'Golf'. Es ist nahezu unglaublich, in welchem Ausmaß die Menschheit bereits dem Fieber dieses Sports erlegen ist. Ja, ich stehe nicht an, in eben diesem Spiel namens Golf das Perpetuum mobile zu sehen, das mein Vater… das der verehrte Vorsitzende verlangt."

Das war starker Tobak. Der Aufruhr währte minutenlang.

„Wie kann ein Spiel mit Stock und Ball über Seelen verfügen, wie es doch unsere Kunst ist?" begehrte die Pseudo-Blondine auf.

Der kecke Jüngling hob in deutlich nachahmender Geste die Hand und fuhr fort.

„Mit Fug und Recht kann man Golf die genialste Individual-Sportart nennen, die der – angeblich menschliche – Geist ersonnen hat. Auf tausende und abertausende von Menschen kommt nur einer, der das Spiel vollendet beherrscht, und auch der nicht immer. Die anderen geraten rasch in jenen wünschenswerten Zustand, in dem sie bereit sind, Haus und Hof und ihre Seele zu verkaufen, gelänge es ihnen, einen kleinen Ball geradeaus zu schlagen, statt ihn auf wunderlichen Bahnen verschwinden zu sehen. Von mir besonders inspirierte Menschen statten Graslandschaften mit Tücken wie Tümpeln, Sandbunkern und abseitigem Gelände aus, um das Leben der dem Golfspiel Verfallenen endgültig zur Hölle zu machen…"

Der Vorsitzende lachte entzückt.

„So muss es sein. Das nenne ich eine vorbildlich teuflische Erfindung. Fahre fort, mein Sohn!"

„Ein Beispiel. Ihr kennt alle diese kleine Insel Irland, von der so viele so genannte Missionare in alle Welt gingen, um uns ins Handwerk zu pfuschen…"

Man nickte ingrimmig in der Runde.

„Ein besonderer Eiferer gegen unser Unternehmen war ein gewisser Pater O'Brian. Er wetterte in seiner Gemeinde gegen uns, dass es nur so eine Art war. Dieser Mann hatte allerdings gleich zwei Achillesfersen. Er trank 'uisge beatha', 'Wasser des Lebens'. Und: er spielte Golf. An einem strahlend blauen Sonntagmorgen, lange bevor diese misstönenden Glocken über die Insel erschallten, lenkte ich O'Brians Blick auf den nahen Golfplatz und flüsterte ihm Versucherworte zu. Und er erlag."

„Na und!" schnaubte die Blondine. „Zwei Stunden später steht er mit der üblichen Heuchelei seiner Gattung auf der Kanzel und legt von Neuem los."

„Ihr müsst nun wissen, dass Pater O'Brian zu denen gehörte, die mit besonderem Eifer gegen das Laster anpredigten, am Sonntag Golf zu spielen. Und Ihr müsst ferner wissen, dass er ein überaus mittelmäßiger Spieler war, dem nichts so recht gelang. Aber an jenem schönen Morgen, da ich ihn so weit hatte, mischte ich ein wenig Magie in die Gesetze der Physik. Pater O'Brian spielte eine Runde, die er in seiner Einfalt für göttliche Fügung hielt. Und er krönte alles durch einen einzigen Schlag, der den kleinen Ball über 200 Meter in das kleine Loch schickte – eine Tat, die einem Menschen meist nur einmal im Leben gelingt, und womit er für den Rest seines Lebens zu prahlen pflegt. Pater O'Brian brüllte wie von Sinnen. Eine Sekunde später hatte ich ihn da, wo ich ihn haben wollte: er starrte in den absolut schwarzen Abgrund."

„Warum?"

„Wem wollte wohl ein gegen das Spiel am Sonntag hetzender Geistlicher erzählen, welche golferische Großtat er soeben vollbracht habe? Seither habe ich diesen Unglücksraben mit einem schauderhaften sogenannten Slice geschlagen: seine Bälle driften auf kranker Kurve rechts ab. Seine Verwünschungen nötigen selbst mir gelegentlich Respekt ab."

Nach einem Augenblick des Schweigens fuhr er fort.

„Aber das war nur ein Einzelbeispiel. Ich müsste den genauen Stand auf den Computern ablesen…"

„Was ist denn das nun wieder?" fragte die Blondine anklagend.

„Absolut unentbehrlich für moderne höllische Verwaltung, obwohl sie nur 0 und 1 unterscheiden können."

„Das kann ich auch!"

„Ja, also diese Rechengeräte erfassen ungeheuerliche Zahlen von Menschen in allen Stadien des Golfwahns, vom unterdrückten Traum, den ersten Schritten bis zur ausgebildeten Verstrickung, da Beruf, Weib, Mann oder Kind irrelevant werden. Ihr alle wisst, dass so genannte Kinderbücher der Menschen oft weit tiefere Einsichten bergen als alle Dr. Faustus-Exegesen, die uns hinterher spionieren wollen. Jüngst hat eine Schriftstellerin, die auf dem Erdenrund immer berühnter wird, ihre Einsicht in der Erscheinungen Flucht in eine eingängige Formel gegossen. Sie unterteilt die Welt in die der Muggles, die immer nur glotzen und krampfhaft an der Oberfläche der Dinge festhalten, und die Welt des Magischen, in der ihr kleiner Held Harry Potter haarsträubende Abenteuer zu bestehen hat. Ich empfehle Euch allen diese Bücher, denn es gibt da ein paar höchst vergnügliche Ausprägungen des Bösen, die Euch an Eure Kinderstreiche erinnern werden. Unser Jagdfeld sind die Muggles. Wenn einer von denen zum Golfschläger greift mit der vagen Vorstellung, er könnte vielleicht doch magische Kräfte haben, das, liebe Freunde, ist der Moment der Verwundbarkeit, der reiche Beute verspricht."

Der Vorsitzende beschloss die Sitzung.

„Mein Sohn, Du weist uns den richtigen Weg. Wir statten dieses Golfspiel mit dem Glanz des Paradiesischen aus und schließen das Unternehmen in seiner bisherigen Form. Geht hin und wo immer ihr nicht weiter kommt auf den alten Pfaden der Verdammnis, da verlockt ihr die Menschen mit diesem Golfspiel. So soll es sein."

Und so nahm das Verhängnis seinen Lauf.

DER GEMEINDERATSVORSTEHER

Missgunst bringt die Mitwelt für den Golfer auf.
Wie war das mit „viel Feind – viel Ehr"?

Die Stunde, da er zum Golfhasser ward, brannte sich für immer in seinen Kopf – oder genauer: dessen Gegenteil ein. Als Spaziergänger, der sich mit Leidenschaft an den Pflanzen am Wegesrand erfreute, hatte er, über den Golfplatz in seiner Gemeinde schlendernd, ein Knabenkraut entdeckt und die Augen zwecks besserer Bewunderung herangeführt. Das Hinterteil des Gemeinderatsvorstehers ragte in den Luftraum über dem Weg, der die Bahn vier kreuzte. Sekunden darauf durchzuckte ihn ein scharfer Schmerz, und er tunkte mit dem gesamten Gewicht seiner Persönlichkeit in die Flora. Nicht getrieben von übersteigerter Freude an der Natur, sondern von einem Golfball, der noch ein gutes Stück Weg vor sich gehabt hätte, wäre er nicht so jäh von seinem Heck aufgehalten worden.

Die Entschuldigungen eines untröstlich scheinenden Burschen ließ er über sich ergehen, während ein roter Nebel der Wut in seinem Hirn wallte. Der Bursche behauptete immer wieder, dass man die Bahn vom tiefer liegenden Abschlag nicht einsehen könne. Und dann sei ja da auch ein Schild: "Vorsicht. Fliegende Golfbälle." Der Rat riss sich los, als der Golfer sich anschickte, ihn abzubürsten. Beinahe wäre die Sache noch einigermaßen glimpflich ausgegangen. Doch da erschien der Begleiter des Attentäters. Dessen zunächst noch geordnet wirkende Gesichtszüge entgleisten zu einem Grinsen von ausgemachter Niederträchtigkeit. Dies war die Stunde, da der Hass des Gemeinderatsvorstehers auf alle Golfer geboren war.

Nun fügte es sich, dass der Golfclub in seiner Gemeinde auf Erweiterung sann. Der Vorstand war ermächtigt, die zweiten neun Löcher in Angriff zu nehmen. Ein Architekt war schon beauftragt. Ein weiteres Bäuerchen war bereit, sein Gewerbe an den Nagel zu hängen und eine gute Pründe in der Verpachtung seines Bodens zu finden. Der Antrag landete auf dem Tisch des Gemeinderatsvorstehers. Seine Augen leuchteten auf, als habe er in der Wüste eine Orchidee entdeckt. Hier war ein Hebel, mit dem er ansetzen konnte, seinen Hass auf die Golfer zu befriedigen. Im Rat gab es einige grün gesinnte Mitglieder, in denen er leicht Verbündete finden konnte. Und dann zog er in die bürokratische Schlacht. Umwelt-Verträglichkeitsgutachten – umgehend als unbefriedigend abgelehnt. Umfrage unter Anwohnern – wegen Formfehlern zu wiederholen. Genaues Register der gesamten Flora und Fauna unter besonderer Berücksichtigung geschützter Kräuter, der Regenwurm-Population pro Quadratmeter mit Einbeziehung der Vogelwelt unter Feststellung von Fluchtdistanzen bei Berücksichtigung der durchschnittlichen Streuweite eines Golfanfängers. Geplante Eingriffe in den Naturhaushalt durch beabsichtigte Grün-Düngung (Bäuerchen hatte zuvor mit Geldern aus Brüssel versucht, einen dafür völlig ungeeigneten Boden mit Unmassen von Chemikalien zur Aufzucht von Mais zu überlisten – aber das war ja eine andere Geschichte.)

Krisensitzung des Golfclub-Vorstands. Der Platzwart hat eine Idee. Wie wäre es, wenn man den Sohn des Gemeinderatsvorstehers mit einer Clubmitgliedschaft und entsprechender Jugend-Förderung bestäche? Dann könnte doch sein Alter nicht mehr… Fabelhaft, lautet der Beschluss, das machen wir.

Der Jüngling wird umgarnt. Er ist nur allzu bereit. Das Veto des Vaters ignoriert er. Binnen kurzem stößt er zur kleinen Elite der

Jugend im Club, die einstellige Handicaps hat. Ein neuer Antrag auf Platzerweiterung wird gestellt. Der Sohn wirkt auf den Vater ein. Zum ersten Mal kommt der Antrag nicht postwendend zurück. Das glückliche Ende scheint nahe. Gerüchte wollen wissen, dass der Platzwart Chancen auf den Stuhl des Präsidenten hat.

Da geschieht die Katastrophe. Der Gemeinderatsvorsteher ist zum Ortstermin gebeten, um der Ausdehnung des Clubs den Segen zu geben. Zu diesem Zweck läuft er auf eben jenem Weg, der einst die Stätte seiner Schmach war. Schreitet zügig voran, wie es die Warntafel gebietet. Bleibt, seines Amtes waltend, stehen.

Hinterher gab es in dem zu neuerlicher Krisensitzung versammelten Vorstand nur einen tröstlichen Gedanken: die Freveltat war in der Familie geblieben. Der Sohn des Gemeinderatsvorstehers, auf einer Zockerrunde der Longhitter unterwegs, hatte die andere Backe des gemeinderätlichen Hinterns getroffen. Statt einer Entschuldigung zog dieser Sohn es vor, ein Semester an einer fernen Universität zu studieren.

Die Blicke im Vorstand richteten sich anklagend auf den Platzwart. Seine Idee war es damals, diesen mißratenen Burschen in den Club aufzunehmen. Der Platzwart stand am Rande eines Infarkts.

„Ruhe, Ruhe! Ich habe noch eine Idee.“

„Noch so eine Idee, und wir können unseren bisherigen Platz abschreiben“, höhnte der Präsident.

Endlich durfte der Platzwart seine Idee enthüllen. Sie lief auf das unmöglich Scheinende hinaus. Der Golf hassende Gemeinderatsvorsteher sollte zur nobelsten aller Sportarten bekehrt werden. Und zwar mit Hilfe des Pros.

„Das schaffen wir nie!“

Man lud den Pro ein und instruierte ihn sorgfältig. Der Mann war ein Waliser mit dem unaussprechlichen Namen Llludmillanoosnaam. Seine Eltern hatten ein Einsehen und gaben ihm den Vornamen Sam. Der Club war sehr stolz auf Sam. Mit der Musikalität, die ein Erbe seiner Herkunft war, hatte er es zu einer gewissen eigenwilligen Meisterschaft in der Beherrschung der deutschen Sprache gebracht.

Der Gemeinderatsvorsteher war sehr verblüfft, als ihn ein formell gekleideter Herr in seinem Amt aufsuchte und ihm eine überaus befremdliche Visitenkarte überreichte.

„Was verschafft mir die Ehre?"

„Nämlich bin ich seit einige Zeit neu in ihre Community und möchte machen eine Präsentation von meine Person. Ich bin Golf-Pro an der Platz, worüber Sie herrschen."

„Guter Mann, das haben Sie missverstanden. Ich 'herrsche' nicht, sondern bin im öffentlichen Auftrag zur Einhaltung kommunaler Regularien eingesetzt. Im übrigen halte ich es nicht gegen Ihre Person, dass Sie ihrem Gewerbe in einer Sportart nachgehen, der meine herzliche Abneigung gilt."

Der Waliser runzelte die Stirn.

„Die Worte mit die langen Silben gingen bei mir ins Aus. Der Sinn von Ihre Rede blieb mir dunkel. Aber ich glaube: Sie reden wie ausländer-feind-liches Mensch!"

Der Gemeinderatsvorsteher erschrak. Das war nun ein fataler Eindruck, den er so keineswegs stehen lassen konnte. Er hob zu weitschweifigen Erklärungen an. Sam schnitt ihm das Wort ab.

„Wenn Sie sagen: ich guter Mann, dann Sie müssen erlauben den Beweis."

„Zweifellos sind Sie ein guter Mann. Doch wie wäre das zu beweisen?"

„Indem dass Sie kommen auf mein Platz und nehmen Unterricht in Golf."

Das einzige, was dem Mann des Amtes noch blieb, war, eine so frühe Stunde auszumachen, dass wahrscheinlich wenig Publikum ihn – ausgerechnet ihn – beim Schwingen eines Golfschlägers sehen würde.

Der verabredete Tag kam. Mit der ganzen Verachtung, die er dem Golfsport entgegenbrachte, nahm der Rat den Schläger, den ihm Sam reichte, und schlug, wie es ihm gezeigt worden war.

Es war der Traum eines Golfers. Der Ball stieg in den frühen Morgenhimmel und landete jenseits der 150-Meter-Marke.

„Great Shot!" rief Sam. "Haben Sie instinktiv alles richtig gemacht: mit kompakte Bewegung in einer Ebene zurück, Schultern um 90 Grad gedreht. Hände war richtiges Winkel, Kopf von die Schläger kam auf in-to-in an der Ball mit Speed. Nur Finish war nicht so gut, ist aber mehr für Schau. Okay, noch ein Schlag."

Dem Golfhasser schwirrte der Kopf. Er war nicht unbeeindruckt geblieben von seinem ersten Traumschlag. Nun ergriff ihn eine eigenartige Verwirrung der Gedanken. Er raffte die Reste seines Selbstbewusstseins zusammen und versuchte einen zweiten Schlag. Der Ball driftete so scharf nach rechts, dass Sam eine Pirouette vollführen musste, und kam nach wenigen Metern zu einem kläglichen Stop.

„Ist ganz normal", grinste Sam. „Nach 20 Stunden Training wird wieder so sein wie erstes Schlag."

„Aber nur in den ganz frühen Morgenstunden!"

Es war das letzte Rückzugsgefecht. Ein paar Anstandswochen später ging im Vorstand der Aufnahmeantrag des Gemeinderatsvorstehers ein. Im Triumph war man, auch aus berechnenden Gründen, gnädig.

Bei der Einweihung des 18-Loch-Platzes schlug der zum Präsidenten aufgestiegene Platzwart den goldenen Ball. Es war übrigens ein Slice, aber das tat der allgemeinen Hochstimmung keinen Abbruch. Der neue Präsident sagte zum Gemeinderat (in diesem schmeichelhaften Tonfall: ganz unter uns Honoratioren): „Demnächst werden Sie gewiss in Turnieren bei uns glänzen."

Die Geschichte hat noch eine Pointe, wie sie nur möglich ist in einer Sportart, von der es wohl mit Recht heißt, sie sei ja nicht auf Leben oder Tod, nur eben viel wichtiger.

Eines Tages ging der Gemeinderatsvorsteher auf eine einsame Runde. Abschlag an Bahn vier. Endlich, nach einer langen Durststrecke, stimmte einmal alles: das Timing, der Schwung, die Geschwindigkeit, die Richtung…

Aus weiter Entfernung drang ein Schrei. Als der Gemeinderatsvorsteher voll böser Vorahnungen zum Tatort kam, sah er, wen er erwischt hatte: den Mann, der ihn einst zum Golfhasser gemacht hatte. An Loch 19 wurde die Entschuldigung in Ströme von Drinks verwandelt. Und nicht einmal das ausgemacht niederträchtige Grinsen zwei Barhocker weiter störte den Gemeinderatsvorsteher.

DIE LEIDEN EINES LEHRERS

Ohne Pros geht es nicht. Wie gingen
wir einst mit unseren Paukern um?

Wer auch immer aufgefordert wäre, von Georg Holterbein eine Charakterskizze anzufertigen, hätte darin auf keinen Fall das Beiwort "intellektuell" geführt. Ein netter Kerl, der unermüdlich seine Runden dreht, auch wenn ihn die Muse des Golfspiels – so es eine gibt – nur selten küsste.

Dass eine Flamme des Ehrgeizes statt eines Zündflämmchens in ihm brannte, schloss ich daraus, dass er ungeachtet aller Warnungen wieder begonnen hatte, Stunden bei unserem Pro zu nehmen. Soeben war seine Lektion beendet. Georg steuerte mich, der ich mein kurzes Spiel ein wenig auf der Driving Range aufpolieren wollte, mit schweren Schritten an und fragte ohne Gruß:

„Was zum Teufel ist ein 'Ana-chronis-mus'?"

Vermutlich ist es ein Webfehler meines Charakters, aber es ging mir wie vielen: Georg Holterbein konnte man nicht ohne Versuchung von Spott und Ironie begegnen. So antwortete ich auf die für ihn erstaunliche Frage:

„Nun ja, wenn man Beethoven beschuldigt hätte, er sei kein origineller Kopf, denn er habe das Hauptmotiv für seine Schicksals-Symphonie nur deshalb gefunden, weil er im Krieg immer BBC gehört hätte."

Georg grub sich eine weitere Furche in die niedrige Stirn.

„Und was ist 'Re-in-kar-na-tion'?"

„Die Sache mit der Wiedergeburt. Erich Kästner wünschte sich einst, wenn er noch einmal auf die Welt käme, dann als kleiner

Hund, der vor lauter Freude über seine bloße Existenz an alle Ecken pinkelt. Wieso diese Fragen?"

„Na, dieser komische Pro wurde im Laufe meiner Stunde immer seltsamer und immer fahriger. Er hatte so einen eigenartigen Ausdruck. Zum Schluss brüllte er mich an, ich sei ein verdammter Ana… Ano… Anachro… na, Du weißt schon, die Re-in-kar-nat-ion des Scottish Sway ohne das geringste Alibi, mit einem Hickory-Schläger schwingen zu müssen. Zum Teufel mit diesem Kerl!"

Georg zog ab in Richtung Loch 19, wo er gewiss sein konnte, auf Leidensgenossen zu stoßen. Seit einiger Zeit raunte man sich im Club zu, mit dem seit Jahren geschätzten Pro sei etwas passiert. Die zurückhaltendste Meinung war, er sei komisch geworden und man sollte besser nicht mehr hingehen, schon gar nicht, wenn man vor einem Turnier stünde.

Als nächstes wurde ich unmittelbarer Ohrenzeuge eines Ausbruchs von beträchtlicher rhetorischer Gewalt. Eine Anfängerin hatte sich eine volle Stunde lang offensichtlich erfolglos bemüht, die ersten Schritte im Golferleben zu bewältigen. Nun lehnte sich der Pro schwer auf einen Schläger und donnerte:

„Wie kann man nur so unglaublich wie ein Schluck Wasser herumhängen! Und wenn ich dann sage: Bleiben Sie in ihrer Schwungebene, dann starten Sie eine Bewegung, die einen Schachtelhalm vor der jüngsten Eiszeit vor Neid hätte welk werden lassen. So nicht, liebe Frau! Gehen Sie hin und machen Sie etwas anderes, aber vergeuden Sie nicht die kostbaren Stunden des Lebens auf so schauderhafte Weise!"

Ich beschloss, der Sache auf den Grund zu gehen. Es war ganz einfach, eine Stunde zu bekommen. In der Kladde des Pros waren erheblich mehr Streichungen als Einträge.

Meinen üblichen Slice kommentierte er nicht. Brüsk drehte er mich zur Seite und machte mir einen Schlag vor, hinter dem eine unglaubliche Energie stecken musste. Dabei hatte er nur ein Sandwedge in der Hand, das allerdings besonders schwer aussah. Ich schluckte und sagte:

„Bevor Sie ansetzen zu einer vernichtenden Analyse meines Schwungs und zu all den eingeschlichenen Fehlern und mit Spikes auf meiner stets prekären Selbstachtung als Golfer herumtrampeln, will ich Ihnen sagen: Ich habe Ihren Ausbruch gegenüber der Schluck-Wasser-Dame erlebt. Darf ich Sie daran erinnern, dass Rabbits ihre Lebensgrundlage sind? Sie könnten am Hungertuch nagen, wenn Sie so weiter machen."

Der Pro brach regelrecht zusammen.

„Ich weiß, ich weiß. Ich bin ein Idiot. Aber der Stress, ein Leben lang den selben Trotteleien zu begegnen, wurde plötzlich zu viel. Ich stehe neben mir und sehe entsetzt, wie ich mich selbst aus meinem einst geliebten Beruf heraus katapultiere…"

Wir brachen die Stunde ab und verabredeten uns – „auf keinen Fall im Clubhaus", wie er hervorstieß – in der nahen Weinstube.

Wir fanden eine Nische. Ich wagte zu fragen:

„Waren Sie schon bei einem Psychiater?"

„Ja."

„Und?"

„Ich leide an einem Fahrschullehrer-Syndrom. Offensichtlich ist die Gruppe der Golfpros nicht groß genug, um einen Psycho-Präzedenzfall zu liefern. Aber es gibt den verbürgten Fall des Fahrschullehrers Sebastian H. Nach 25 Jahren in seinem Beruf überkam ihn plötzlich ein mörderischer Drang, seine Schüler am Ende der Stunde gegen die Garagenwand zu fahren, wozu er virtuos den Zweitsatz an Pedalen im Fahrschulwagen benutzte.

Dessen Fall ist deshalb psychiatrisch so exakt dokumentiert, weil über Sebastian H. vor Gericht, wo er wegen versuchten Totschlags an einem 64-jährigen Mann stand, ein ausführliches Gutachten angefertigt wurde, das anschließend Eingang in die Fachliteratur fand. Der Kerl lebt übrigens nach Verbüßung einer Gefängnisstrafe im Naturpark Lüneburger Heide als Pferdedroschken-Kutscher. Er ist ständig in Gefahr, gegen Bewährungsauflagen zu verstoßen, weil er sich anlegt mit den wenigen Autofahrern, die als Anwohner Fahrerlaubnis im Park haben."

Erschüttert sagte ich:

„Das hieße ja, auf Ihren Fall angewandt, Sie müssten Ihren Beruf an den Nagel hängen, ehe Sie mit einem Eisen Fünf…"

„Einem Sandwedge!" unterbrach er mich mit großer Bestimmtheit. „Natürlich haben auch die mittleren Eisen bestimmte Vorteile beim Schlag über den Schädel. Weniger geeignet sind die Hölzer, weil die modernen Köpfe wenig wiegen und die Ausweichmöglichkeiten besser sind. Nein, nein, die Hebelwirkung ist beim Wedge am besten, zumal wenn man noch eines mit einem so starken Flansch wie ich hat…"

„Hören Sie auf mit diesen morbiden Gedanken! Was hat Ihnen denn der Psychiater konkret geraten?"

„Ich müsste die Sache an der Quelle angehen und die Ursache für meine Stresssymptome da suchen, wo dieselben entstünden: bei meinen Lektionen."

„Und glauben Sie, dass der Mann sein Handwerk verstand?"

„Ich glaube schon. Ich wollte seine Konsultation bar bezahlen. Er schaute mir prüfend in die Augen und sagte, er zöge es vor, mir die Liquidation zuzuschicken. Die Rechnung war gepfeffert."

Da gab es nur eines: die Sache musste dem Präsidenten zu Ohren kommen. Er empfing mich missgelaunt.

„Wenn Sie über den Pro sprechen wollen, kommen Sie zu spät. Soeben war eine Abordnung aus dem Club bei mir, angeführt vom Spielführer. Erinnerte mich fatal an gewerkschaftliche Delegationen in meinem eigenen Unternehmen. Mit mir nicht! Ich werde nicht einen Mann fallen lassen, der große Verdienste um unseren Club hat. Was immer ich gelernt habe im Golf: dieser Mann hat es mir vermittelt. Es muss etwas geschehen. Ich habe da schon so eine Idee. Man braucht allerdings gewisse Investitionen."

Er verpflichtete mich zu strengem Stillschweigen. Mein Vertrauen in den Präsidenten, er werde eine Lösung für ein scheinbar unlösbares Dilemma finden, wurde glänzend gerechtfertigt.

Der Club hat heute einen neuen Pro. Nach und nach führt er nach der Eigenart seiner Gattung alle über eine Krise zu neuen Hoffnungen durch eine Umstellung des Schwungs. Es ist schwer, bei dem Mann auf kurze Vorwarnung eine Stunde zu buchen.

In einem fantastisch ausgestatteten Hi-Tech-Tempel, der allmählich weit über die Grenzen unseres Clubs bekannt wird, waltet unser alter Pro. Er nutzt seine beträchtlichen rhetorischen Fähigkeiten dazu, den Leuten mit Hilfe elektronischer Schwunganalysen sündhaft teure, persönlich zugeschnittene Schläger zu verkaufen, mit Boron, Titan, Keramik-Einsatz, Flüssig-Metalltechnik, der Mode zu immer größeren und dann wieder radikal abgespeckten und zum guten alten Stahl zurückkehrenden Köpfen folgend. Er ist ein Guru des Theoretischen. Vor Kurzem las ich aus seiner Feder einen Artikel über die Gefahren des übermäßig verzögerten Handeinsatzes, der erfolgreich zu meiner weiteren Verunsicherung beitrug.

Nie wieder hat unser alter Pro eine Stunde Unterricht gegeben. Als Schläger-Guru ist er wohl gelitten. Gelegentlich schultert er seinen uralten Schlägersatz und geht vor Tau und Tag eine Runde. Neulich hat er den Platzrekord unterboten.

Das kann nur ein ausgeglichener Charakter.

EIN IRRWITZIGER SCORE

Dies ist der einzige Sport mit Humor.
Wie weit trägt der Witz?

Unabhängig voneinander hat ein seltsamer Zwang vier Männer an einem klirrend kalten Wintertag an den Abschlag eins geführt. Sie stehen nun untröstlich herum um ein Schild: „Der Platz ist gesperrt."

„Dieser Club wird auch immer jämmerlicher", stößt ein Rotgesichtiger eine Wolke aus. „Nur weil's mal ein bisschen kälter ist, macht diese Pfeife von einem Platzwart gleich die ganze Anlage dicht. Dabei hat das Spiel heute den klaren Vorteil, dass man im Wasser keinen Ball verlieren kann, wegen geschlossener Eisflächen."

„Lasst uns ins Clubhaus gehen und eine scharfe Resolution an den Vorstand verfassen!" drängt ein anderer der vier frierenden Frustrierten mit einem Tropfen an der Nase.

Sie stapfen den Weg hinauf zum Clubhaus. Der Wirt öffnet ihnen die Tür einen Spalt, lässt sie ein und schließt sofort hinter ihnen wieder ab.

„Meine Herren, vier Grogs stehen bereits auf dem Tisch."

„Wenigstens etwas funktioniert noch", meint etwas versöhnlicher der Immer-noch-Rotgesichtige. Die Stimmung lockert sich etwas, wenn auch der gemeinsame Zorn auf den Spielverderber, den Platzwart, bleibt.

„Ich sage Euch: in diesem Club nehmen die Skat- und die Bridge-Spieler überhand. Erst vor einigen Tagen fing ich eine Runde mit einem Kerl an, der ständig meckerte über erratisch von gefrorenem Boden abspringende Bälle. Grußlos verließ er mich nach drei Bahnen. Kein Sportsgeist!"

Alle vier sind nun aufgetaut. Eine zweite Runde Grogs dampft auf dem Tisch. Einer ergreift die Initiative.

„Hört mal, ich habe eine Idee. Wir spielen mental eine Runde. Wenn Ihr einverstanden seid, mache ich den Spielführer. Jeder ist verpflichtet, statt eines Schlages einen guten Golfwitz zu erzählen. Wir stimmen ab, welchen Score wir dem Witz zumessen. Wer verliert, zahlt alle Grogs."

„Und wie ist das mit dem Brief an den Vorstand?"

„Kommt nachher. Ich lasse jetzt einen Ball auf dem Tisch kreisen. Wo er zur Ruhe kommt, ist der erste Witz fällig. Die Schlagzahl, die er erreicht, gebe ich in meinen Taschenrechner ein. Erster Witz ist ein Par vier."

Der Ball kreist und kommt zur Ruhe vor dem größten Schweiger in der Runde. Die drei anderen lehnen sich zurück. Einer trompetet in sein Taschentuch.

„Verdammt schlechte Etikette, wenn ich den ersten Abschlag habe. Also, ich spreche mal an… Es ist Frühjahr, verdammt frühes Frühjahr. Der Himmel weint. Wie eine Eins steht ein Vierer an derselben. Es quatscht unter den Füßen, als sie beginnen. Vier mal fliegen Bälle in die dicht über den Köpfen hängenden Wolken. Und unablässig rinnt der Regen. Da sie nun alle abgeschlagen haben, ist es Zeit für einen kleinen Ausbruch von Geschwätzigkeit. 'Feucht', bemerkt der eine. 'Man könnte ein Stück Eisen in der Hand rosten sehen', pflichtet der andere bei. Der dritte Mann nimmt stumm die Brille ab, weil sie innen voller Tropfen ist. Der Vierte sagt: 'Na ja. Stellt Euch vor: bei diesem Sauwetter wollte mich doch meine Frau zum Einkaufen schicken!'"

Der Spielführer sammelt die Scorekarten ein, addiert und sagt: „War ein Bogey. Okay, das nächste Loch ist ein Par Drei."

Der Ball umkreist die Gläser und bestimmt klirrend den Nächsten.

„Für ein Par Drei genügt vielleicht dieser, obwohl von eher niedlichem Charakter. Gespräch zweier Golfbälle. Sagt der eine: 'Ich bin es leid. Ständig diese Nackenschläge. Und immer wirst Du beschimpft, weil diese Typen unfähig sind, Dir etwas Ruhe durch Einputten zu verschaffen. Am Ende des Tages kommst Du in eine muffige Tasche, mit anderen Leidengenossen zusammen. Ich glaube, ich werde bei nächster Gelegenheit Selbstmord begehen an der tiefsten Stelle im Teich vor dem Biotop, das sie bei Strafe des Platzverweises nicht betreten dürfen.' 'Na ja,' sagt der andere Ball. 'Du machst das ja auch völlig falsch. Ich habe mich zum Range-Ball degradieren lasse. Da liege ich mit den Kumpeln im Automaten, rutsche dann ans Licht. Einmal am Tag ein Schlag. Den Rest des Tages liege ich faul herum in der Sonne.'"

Der Score ergibt 3,6, aufgerundet zu vier. Das nächste, per Witz zu attackierende Loch ist ein Par Fünf. Ob es nun die Grogs sind oder die Größe der Herausforderung: dem Rotgesichtigen steht der Schweiß auf der Stirn, als ihn das Ball-Orakel ereilt. Er holt aus:

„Moses und Jesus spielen an biblischer Stätte eine Runde Golf. Sie kommen an eine Stelle, wo der Ball eine Strecke über das Rote Meer fliegen muss. Moses wendet sich an seinen Mitbewerber. 'Höre, Jesus. Obwohl des heiligen Andreas gestrenge Regeln es eigentlich verbieten, will ich Dir doch einen Rat geben. An dieser Stelle darf Dein Ball keineswegs zu kurz sein.' Jesus schaut sich prüfend die Entfernung an, wirft ein paar Grashalme in den lauen Wind und sagt: 'Bernhard Langer reichte hier ein Eisen sechs. Ich versuch's.' Der Ball steigt in den Himmel auf steiler Kurve und verschwindet – im Wasser. Moses seufzt. Jesus bittet: 'Teile mir das Meer, wie Du es einstens tatest.' 'Na gut, weil Du es bist.' Jesus holt zwischen den aufragenden Wasserwällen den Ball, das Meer schließt sich wieder, und er spricht an der selben Stelle an. Moses mahnt abermals die richtige Schlägerwahl an. Jesus insistiert: 'Langer nähme hier die Sechs'. Schlägt ab. Dasselbe Desaster. Jesus wendet sich um. Aber Moses hat die gewaltigen Arme über der Brust gekreuzt und lehnt es ab, ein weiters Mal das Meer zu teilen. 'Nein, nein. Mach Du nur Deinen alten Trick und wandele auf dem Wasser.' Jesus beginnt die Suche und wandelt auf der Oberfläche des Meeres. Einige Berliner, die ins biblische Land gereist sind, sehen das. 'Kiek dir det an!' ruft einer. 'Da hält sich einer für olle Jesus und latscht aufm Wassa.' Aus den Wolken donnert Moses mit gewaltiger Stimme: 'Irrtum. Der Herr hält sich für Bernhard Langer.'"

Nach dieser erschütternden Pointe werden zuerst vier weitere Grogs bestellt. Der Spielführer holt die Zettel ein und teilt das Ergebnis mit: eine achtbare sechs. Der Mann mit dem unstillbaren Drang, einen Brief an den Vorstand zu schreiben, ist nun dran. Er hat einen Hang zum Makabren.

„Ein Golfer hat den letzten Schlag seines Lebens getan, die Pitchgabel für immer aus der Hand gelegt. Die Trauergemeinde hat alle Reden, was für ein famoser Mensch er doch war, über sich ergehen lassen. Nun soll der Sarg zur letzten Ruhestätte geleitet werden. Eine Kavalkade von Autos folgt dem Leichenwagen. 'Bitte fahren Sie erst zum Golfplatz!' verlangt die trauernde Witwe. Verwundert gehorcht der Begräbnis-Unternehmer. Auch in seinem Gewerbe ist der Kunde König. Der schwarze Wagen schwenkt ab vom Weg zum Grab. Erstaunt folgen die anderen in ihren Autos. Alle biegen ein zum Golfplatz und halten am Weg unterhalb des ersten Grüns. Die Witwe befiehlt: 'Und nun lassen

Sie den Sarg an die Flagge stellen!' Der Wunsch wird erfüllt. Alle stehen nun um das Grün herum, in dessen Zentrum der reich verzierte Sarg steht. Tränenumflort erklärt die Witwe: 'Das hat er sich sein Leben lang vergeblich gewünscht. Einmal wenigsten wollte er tot an der Fahne liegen.'"

„Wehe, Du bringst jetzt noch den müden Scherz, wo der Mann auf der Runde den Hut vom Kopf nimmt und aufs Herz drückt, weil in der Nähe eine Friedhofs-Prozession ist, und der seinen Anfall von Pietät damit erklärt, dass er mit der Frau schließlich seit drei Jahrzehnten verheiratet gewesen sei."

Der Score ergibt einen Doppel-Bogey. Der Ball kreist. Der Unglücksrabe ist zum zweiten Mal hintereinander an der Reihe. Da ihm der Rückzug zu seinem zweiten Lieblingswitz abgeschnitten ist, fällt ihm nur doch dies sein.

„Hauptbahnhof. Das übliche Geschubse, Gezerre, Gerenne. Es ist Ferienzeit. Plötzlich dröhnt über die Lautsprecheranlage eine gewaltige Stimme: 'Fore!' Hunderte von Menschen reagieren kaum. An Gleis 13 haben sich acht Männer, die seltsam runde Gepäckstücke tragen, zu Boden geworfen. Der Stationsvorsteher grinst zufrieden. Er hat seine Wette gewonnen."

Der Spielführer holt den Score ein und sagt mit schwerer gewordener Zunge: „War mehr eine Anke… eine Anekdote als ein Witz. Jungs, ich habe das deutliche Gefühl, wir bekommen den Rest der Runde nicht mehr auf die Reihe. Mein Rechner macht eine Kalkulation mit dem Ergebnis: Wurzel aus 66 mal x minus 93, was mich irgendwie stutzig macht. Bestell doch einer noch vier von diesen ausgezeichneten Grogs. Wir lassen den Wirt zusammenzählen. Ich übernehme den letzten Abschlag."

Weitere vier Gläser stehen auf dem Tisch. Gestärkt setzt der selbst ernannte Spielführer an.

„Ihr werdet es nicht glauben, aber das war so. Es war im letzten Herbst, an einem Traumtag. Erst kommt es mir so vor, als sei ich ganz allein auf dem Platz. Die Sonne steht schon etwas tief. Da entdecke ich auf der Bahn weiter hinten eine wunderschöne Maid. Und ich muss gestehen, dass ich den nächsten Ball bewusst ins Rough schickte, um sie aufrücken zu lassen…"

„Ein Schkandal… ein Skandal", unterbricht einer.

„Ihr hättet es auch getan. Sie war nicht nur anmutig, sie schlug auch einen schönen Ball. Da sie mich nun eingeholt hatte, stellte ich mich vor. Wir vereinbarten, gemeinsam weiterzuspielen. Das war an der elf, diesem steilen Par drei, an dem man so leicht außer Atem kommt. Sie sagt: 'Fein, das machen wir.' Ich schlage also ab…"

„Welches Eisen?"

„Eisen sechs. Ging aufs Grün, soweit ich das von unten erkennen konnte. Die Maid schickt ihren Ball mühelos hinterher. Wir erklimmen die Anhöhe. Ich unterdrücke jede Bemerkung über Anstrengung, versuche, nicht heftig zu atmen. Beide Bälle liegen auf dem Grün, der ihre nur eine Kleinigkeit weiter als der meine. Ich sage: 'Wenn Sie den zum Birdie versenken, verspreche ich Ihnen ein fürstliches Abendmahl.' Sie versenkt den Ball. Ich gehe zu meinem und lese die Linie: ein trügerischer Putt. Da sagt sie: 'Wenn Sie den versenken, könnte der Abend noch eine Wendung nehmen, von der sie vielleicht träumen.' Der Putter zittert in meiner Hand, ich nehme drei Peilungen, setzte endlich an, will schlagen. 'Geschenkt!' ruft sie. Wir gehen also auf meine Bude. Es kommt zu Zärtlichkeiten. Plötzlich sagt sie: 'Ich muss Dir etwas gestehen. Ich bin ein Mann.' 'O.K!' sage ich großmütig. 'Nobody is perfect. Aber dass Du immer die Damenabschläge benutzt, das ist ein Skandal.'"

„Disch… diß… disqualifiziert wegen Sexismus!" brüllt der Rot-gesichtige. Zwei Groggläser fliegen durch die Luft. Stühle ratschen über die Bodenfliesen…

„Meine Herren, meine Herren", sagt der Wirt. Er hat vier Män-tel über dem Arm. „Draußen stehen Ihre Taxis. Die Rechnung begleichen Sie bitte, wenn die Gemüter wieder abgekühlt sind."

Hinter vier torkelnden Männern schließt sich die Clubhaustür. Das letzte, was zu hören ist, dringt nur noch gedämpft durch:

„Und wer, bitteschön, schreibt nun diesen Brief an den Vor-stand?"

DER ZAUBERER UND DAS AS

Erst nur der Traum vom geraden Schlag.
Wie schnell dann die Sache mit „einmal im Leben"?

Das Abschlussfest der monatlichen Herrentage war ein voller Erfolg. Galant waren die Damen eingeladen am Ende der Saison, bei der ansonsten die Männer beim heroischen Kampf um den Monatsbecher unter sich geblieben waren. Die drei Leithirsche, Sieger des Vorjahres, waren dem Auftrag, den krönenden Schlusspunkt zu setzen, voll gerecht geworden. Und dazu trug ein Zauberer bei. Tosender Beifall für einen equilibristischen Hochradakt, bei dem Mario sechs brennende Fackeln und sechs Golfbälle durch die Luft wirbelte und sie alle gleichzeitig verschwinden ließ (zur großen Erleichterung des Clubhaus-Wirts, der bereits nervös in der Nähe des Telefons seine Finger im 1 – 1 – 2 – Rhythmus trommeln ließ.)

Nun war Mario, ein schmächtiger Bursche unbestimmten Alters, von vielen Wohlwollenden umringt, die ihm Getränke spendierten, auf die Schulter klopften und immer wieder fragten, wie er so etwas fertig brächte. Mario lächelte eher schüchtern, taute aber dann langsam auf in der Woge allgemeiner Sympathie. Schließlich raffte er allen Mut zusammen.

„Darf ich Sie einmal etwas fragen?"

Heftige Zustimmung über die Breite.

„Könnte einer vom fahrenden Volk wie ich auch einmal eine Runde Golf spielen?"

Sofort bildete sich ein Komittee von drei Beauftragten mit dem erklärten Ziel, Mario den Zauberer einmal mit der Magie des Golfspiels auf unserem Platz vertraut zu machen. Ort und Stunde für eine Proberunde wurden vereinbart. Ein Skeptiker goss Wasser in den Wein. Ob er denn auch Platzerlaubnis habe? „Ist doch albern. Hast Du gesehen, wie er sich drei Schläger aufs Hochrad reichen ließ und sie so kreisen ließ, dass einem schwindlig wurde? So einer findet sich zurecht!" Und als Mario dann auch noch sagte, er habe bei einem Golftrainer schon ein paar Stunden genommen und der habe ihm die Platzreife zugesprochen, da schien alles klar. Mario musste noch eine Zugabe machen. Der Abend klang festlich aus.

∗∗∗

Nun sind Tag und Stunde gekommen. Der Himmel ist grau. Es nieselt. Die Stimmung ist deutlich gewandelt. Miesepetrig stehen Oliver, Gerhard und Friedrich am Abschlag eins und warten auf den Zauberer.

„Hört mal!" ergreift Friedrich (der Jurist) die Initiative. „Wir müssen verdammt aufpassen. Solche Kerle wie dieser Mario leben von der Überlistung der Schwerkraft, während wir Normalgolfer eher unter den Auswirkungen derselben zu leiden haben. Zum anderen verstehen sie es, die Augen zu täuschen durch irgend welche Handfertigkeiten, die sich sich trickreich anerziehen. Wir müssen sicher stellen, dass alles nach den Regeln abläuft. Es geht hier nicht um irgend welche Tricks, nicht um irgend einen faulen Zauber, sondern um unseren Sport. Da muss man schon genug zaubern, um nicht unter zu gehen."

Die anderen nicken grimmig. Und verabreden eine genaue Strategie zur Überwachung von Mario dem Zauberer und um die unbestechliche Einhaltung aller Regeln des Königlichen und Altehrwürdigen Clubs von St. Andrews, der aller Welt das Maß der Dinge im Golf setzt.

Mario erscheint flinken Schritts und trippelt näher, mit deutlichen Anzeichen von Nervosität und Prüfungsangst. Statt einer Begrüßung wird sein Bag umgestülpt und seine Ausrüstung einer überaus scharfen Kontrolle unterzogen.

„Ist das normal?" fragt Mario. Die Verlegenheit der drei vom Komittee entläd sich in einem heftigen Abklopfen der schmächtigen Person des Zauberers.

„Der Kerl ist sauber", raunt Friedrich. „Aber lasst uns weiter wachsam sein!"

Oliver übernimmt nun seinen Part.

„Wie viele Bälle haben Sie mitgebracht?"

„Ein Dutzend. Ich habe sie in Ihrem Pro-Shop gekauft, wo man mir versichert hat, dass ich am Besten Bälle mit 90er Kompression und einer Hartschale nehmen sollte. Ich war mir nämlich nicht ganz sicher, ob ich nicht welche verlieren würde."

„Sie scheinen ein Optimist zu sein. Hier ist ein Filzstift. Markieren Sie alle zwölf Bälle mit einem unverwechselbaren Zeichen. Schlage vor: Sie malen einen kleinen Zylinderhut. Das spricht klar für ihre Branche. Aber eines sage ich Ihnen gleich: irgend welche extra Bälle aus dem Hut zu zaubern, ist nach den Regeln des Golfspiels strengstens untersagt."

Gehorsam markiert Mario alle zwölf Bälle mit dem geforderten Zeichen. Der Runde steht nun nichts mehr im Wege.

Die drei erprobten Kämpen schlagen ab. Der Himmel ist etwas aufgerissen, die Stimmung hebt sich. Mario erweist sich zwar als anstelliger Neuling. Aber er ist eben doch ein Rabbit, mit der Last, zu viel zu schnell von sich selbst zu erwarten. Lernbegierig. Eben dies trägt zu seinem Unheil bei. Mario hat sein Leben lang gelernt, auf die Handfertigkeiten der anderen zu achten. Als Friedrich einen Ball gewaltig ins Aus drischt, folgt ihm Mario unverzüglich. Als er Gerhards Ball im Wasserhindernis verschwinden sieht, tut Mario ein Gleiches. Oliver gar hat die Peinlichkeit eines Luftschlags, gibt dies aber mannhaft sofort zu und ermahnt Mario, dergleichen Unfug möglichst für immer zu lassen. Mario verspricht es feierlich.

Nach neun Löchern versammelt man sich zu einer kleinen Stärkung im Halfway-House. Zu den Vorbereitungen des Komittees hatte gehört, dass dort ein kräftiger Imbiss angerichtet ist. Klugerweise schlägt der Zauberer alle Versuchungen geistiger Getränke aus. Man befragt ihn angelegentlich nach seinen ersten Eindrücken. „Verwirrend. So ganz anders als ich darüber gelesen habe. So völlig außerhalb meiner sonstigen Welt“, sagt Mario. Er würde sehr gern, wenn die Herren einverstanden seien, die volle Runde spielen.

Die Herren sind einverstanden. Da sie sich selbst nicht in Turnier-Disziplin eingebunden fühlen, haben sie so kräftig zugelangt, auch bei den Getränken, dass sie eher schlecht als recht durchs Gelände hacken. Mario ist auch nicht gerade zauberhaft. Doch dann geschieht es. Am steilsten Par Drei des Platzes, bei dem man vom Abschlag nur die Spitze des verlängerten Flaggenstocks ausmachen kann. Friedrich ist zu weit. Gerhard zu kurz. Oliver nur wenig besser.

„Ich spiele einen mit einem Zylinderhut gekennzeichneten Ball mit der Nummer Drei!“ singt Mario mit lauter Stimme aus, wie man es ihm beigebracht hat. Und spricht an. Er hat aufmerksam die Abschläge der anderen drei verfolgt. Er führt sein Eisen sechs zurück auf idealer Linie. Alles stimmt bei diesem Schlag. Der Ball fliegt den Hang hinauf, scheint einen Augenblick über dem Flaggenstock zu verharren, senkt sich, ist nicht mehr auszumachen…

Drei Ausrufe des Erstaunens. Oliver übernimmt.

„Wenn es das ist, was es sein könnte, dann wollen wir das ganz genau dokumentieren. Friedrich, Du bist sowieso zu weit. Du gehst erst einmal allein nach oben und meldest uns, was Du siehst!"

Friedrich erklimmt die Anhöhe. Mario wird immer beklommener zu Mute. Er weiß nicht, ob er gegen irgend welche ungeschriebenen Golfgesetze verstoßen hat. Das Lob für seinen guten Schlag ist überlagert vom überaus seltsamen Gebaren seiner Begleiter.

Friedrich ist kurzfristig außer Sicht. Dann kommt von oben ein Schrei. Er schwenkt die Flagge wie ein Demonstrant unter Wasserwerfer-Beschuss und brüllt wie von Sinnen Unverständliches gegen den Wind.

Gerhard pfeffert seinen Schläger ins Dornengebüsch.

„Jetzt spiele ich an diesem lausigen Loch seit mehr als einem Dutzend Jahren. Einmal habe ich einen Preis „nearest to the pin" erworben. Aber mehr war nicht drin. Aber daher kommt dieses Würstchen von einem Rabbit und tut's einfach. Ich glaube, es ist doch ein mieses Spiel!"

Mario folgt mit immer steigenderer Verwirrung den beiden anderen nach oben zum Grün. Und nun stehen sie alle herum auf dem Grün. Sie fordern Mario auf, den Ball aus dem Loch zu holen, sonst bekäme er zwei Strafschläge, und es werde doch nur ein Par sein.

Mario bückt sich und holt wie in Trance seinen Ball heraus. Er ist noch immer verwirrt. Feierlich gratulieren die anderen dem Zauberer zum Hole-in-one, zum As.

„Kommt im Leben der Golfer äußerst selten vor, bei den meisten nie", erklärt Friedrich. „Wenn das im Turnier passiert, kann's verdammt teuer werden. Ich kenne einen Kerl, der bei hundert Mann auf dem Platz „Champagner satt für alle" brüllte, im Vertrauen auf eine As-Versicherung. die sich dann als Phantom heraus stellte. Hat mich später gegen Ultimo verstohlen um einen Hunderter angepumpt, weil er tanken müsse auf dem Weg zu einer Frittenbude."

Mario hat sich durch das Wechselbad der Gefühle hindurch gekämpft und erlaubt sich nun einen leisen Freudenschrei.

„Ich habe also auf der ersten Golfrunde meines Lebens ohne jede Zauberei etwas ganz Seltenes geschafft? Den lebenslangen Traum jedes Golfers? Und Sie, meine Herren, denen ich so überaus dankbar bin für Ihre Begleitung, sind meine unbestechlichen Zeugen, dass alles mit rechten Dingen zuging?"

Angelegentlich forscht Mario in den Zügen der anderen. Gerhard sieht etwas zerkratzt aus von der reumütigen Suche nach seinem Schläger im Dornengebüsch. Oliver hat ein Pokerface augesetzt. Friedrich endlich redet:

„Tja, daran ist nichts zu rütteln. Es ist ein As, ein Hole-in-one, ein verdammter Glücksfall. Dennoch würde ich an Ihrer Stelle ein wenig vorsichtig sein beim Prahlen mit dieser golferischen Großtat."

„Ich will doch gar nicht prahlen. Aber warum sollte ich vorsichtig sein?"

„Nun ja, wir wissen es. Sie wissen es. Aber die Leute werden immer sagen: er war eben ein Zauberer. Da hilft es gar nichts, dass Sie gleichzeitig das Kaninchen in dieser Geschichte sind. Denn die Leute werden immer sagen: 'wisst Ihr, was für ein Zeichen sein Ball trug?'"

„Einen Zylinderhut", sagte Mario erbleichend.

Der Zauberer kehrte zu seinen Leisten zurück. Er hat nie wieder Golf gespielt und nicht einmal mit Golfbällen jongliert. Den Ball aber, den er einst zum As einlochte, den trägt er wie ein Talisman. Als Glücksbringer für sein Tagewerk. Und als geheime Hoffnung…

HERR ADOLPHE ENTZÜNDET EINE KERZE

Es soll Naturtalente geben.
Sind Sie schon einmal einem begegnet?

Herr Adolphe war eine Institution in dem kleinen, aber feinen Hotel. Es gab den begründeten Verdacht, dass viele der Stammgäste nur seinetwegen wiederkehrten. Sie wurden unfehlbar mit Titel und Namen angeredet, dem Lieblingstisch zugeführt, mit dem richtigen Wein traktiert. Es war schon Jahre her, dass ein rüder Patron ihn mit „Kellner" angesprochen hatte. Eine Dame war nur knapp einem Herzanfall entgangen.

Während Herr Adolphe in der täglichen Schlacht um hohe Gastlichkeit gefeit schien gegen den Zahn der Zeit, waren es die Gäste, die er umsorgte, keineswegs. Der Hotelier sah mit Entsetzen, wie seine Klientel überalterte. Entweder gaben sie für immer den Löffel ab. Oder es geschah, dass sie bei Herrn Adolphe statt eines guten Tropfens aus dem wohlgefüllten Keller ein Glas lauwarme Milch bestellten. Es musste etwas geschehen.

Ein Freund – soweit Hoteliers solche haben – gab ihm den Rat, sich an der Gründung eines Golfclubs zu beteiligen und um neue Gäste mit besonderen Arrangements zu werben. Den zweiten Rat des Freundes, nicht selbst zum Golfer zu werden, schlug er in den Wind. Während sein Handicap sich verbesserte, ging es mit dem kleinen, aber feinen Hotel abwärts.

Der Hotelier berief einen Krisengipfel ein.

„Herr Adolphe", begann er. „Haben Sie bemerkt, dass wir nur noch Gruftis als Gäste haben?"

Herr Adolphe bat um Aufklärung, was "Gruftis" seien. Das geschah kurz und knapp: „Typen, die dem Tod nur noch mit Aufbietung aller Tricks ein Schnippchen schlagen."

Herr Adolphe gestand ein, dass ihn in letzter Zeit eine Reihe von Briefen mit schwarzem Rand erreicht hätten. Da müsse man schon einen gewissen Tribut an den Verfluss der Zeit einräumen.

Der Hotelier schnaubte.

„Lassen Sie diesen Understatement-Quatsch. Wir könnten einen eigenen Friedhof anmieten, was ich nicht unter Werbung verbuchen möchte. Und der Rest? Erst heute morgen hat mich dieser seit zwei Jahrzehnten pensionierte Oberst im Verlauf einer fünfminütigen, extrem inhaltslosen Unterhaltung sechs Mal nach der Zeit gefragt. Ich könnte den ganzen Trupp vermieten an den nächsten Alzheimer-Kongress und würde wahrscheinlich ein Lob bekommen, für besonders gutes Forschungs-Material. Nein, nein, Herr Adolphe! Das wird jetzt anders. Es kommen neue Gäste, mit karierten Hosen oder auch Bermuda-Shorts. Ich möchte, dass Sie Ihren diskreten Charme auch dann nicht verlieren, wenn Ihnen einer dieser neuen Gäste mit Hilfe von Messer, Gabel, Salz und Pfefferstreuer sowie einem Brötchen haarklein erklärt, warum er so ein verdammtes Pech an der 13 hatte. Und ich möchte auch, dass Sie in Ihrer besten Ratgeber-Manier den Leuten sagen: 'Bitte denken Sie auf der Runde daran, den Kopf lange genug still zu halten!'"

Herr Adolphe wandte ein, dass es ihm unangemessen erschiene, den Herrschaften zu sagen, wie sie ihren Kopf zu halten hätten. Der Hotelier wischte den Einwand weg. Er übergab ihm aus seiner umfangreichen Golf-Bibliothek zehn Bücher mit der strikten Auflage, diese in der freien Zeit zu lesen und zu verinnerlichen.

Weil er eben so ein Mensch war, tat Herr Adolphe wie ihm geheißen. Unmerklich wandelte sich die Gesellschaft in dem kleinen, aber feinen Hotel. Die Bar bekam Loch-19-Charakter. Herr Adolphe streute gelegentlich, fein dosiert, ein paar seiner angelesenen Golf-Weisheiten. Es erstaunte ihn, wie man seine Ratschläge, die er äußerst zurückhaltend vorbrachte, mit jener Inbrunst verzehrte, die Sektenmitglieder ihrem Guru entgegenzubringen pflegen.

Eines Tages polierte Herr Adolphe Gläser, als die Tür des Hotels mit großer Gewalt aufschwang. Ein Mann mit erschreckend rotem Gesicht pfefferte ein Lederbag voller Schläger in eine dunkle Ecke und brüllte: „Das war's!"

Herr Adolphe schob rasch einen Drink über den Tresen. Der rotgesichtige Herr kippte ihn hinunter, hustete und fragte, ob Herr Adolphe einen Witz hören wolle.

„Aber gewiss doch. Nichts geht über einen guten Scherz."

„Dann will ich Ihnen folgenden Scherz zum besten geben. Ein Mann geht zu seinem Golfpro und befiehlt: 'Verkaufen Sie mir einen Satz Schläger, alles nur vom Feinsten!' Der Pro ist natürlich entzückt, schwatzt ihm außerdem ein sündhaft teures Lederbag auf und fragt, wie viele Bälle es denn zum Anfang sein sollten. Der Mann, zwar selbstbewußt, aber sich selbst zur Bescheidenheit gemahnend, sagt, einer zu Anfang genüge ihm. Drei Monate später geht eben dieser Mensch wieder zu seinem Pro und herrscht ihn an: 'Das war Mist, was Sie mir da angedreht haben. Ich will das Beste, das es auf dem Markt gibt, so mit Titan und allem Pipapo.' Der Pro stellt ihm ein Super-Set zusammen und fragt, eher beiläufig: 'Wie viele Bälle diesmal?' 'Neuen Ball brauch' ich nicht, hab' den ersten noch nicht getroffen.'"

„Ha. Ha", sagte Herr Adolphe vorsichtig. Er witterte eine Tragödie.

„Haha ist richtig. Und wissen Sie, wer der verdammte Idiot in diesem traurigen Witz ist? Ich! Ich! Ich! Außer natürlich in dem kleinen Detail, das man für die Pointe braucht. Bälle habe ich tausendfach verschlagen. Der Pegelstand in allen Wasserläufen der Umgebung muss gestiegen sein. Heute morgen, als ich den siebenten Ball in Folge in den Teich am Dogleg geschlagen hatte, überkam es mich blitzartig: Wenn ich bei geistiger Gesundheit bleiben will, muss ich diesem vermaledeiten Spiel auf immer abschwören."

Herr Adolphe griff in sein Standard-Repertoire und sprach mitfühlend von den kleinen Entfremdungskrisen, die man schon mal hätte.

„Herr Adolphe, es tut mir leid, dies einem Menschen Ihres Formats sagen zu müssen. Aber: Sie reden Blech. Ich bin der seltene Fall des völlig Hoffnungslosen. Sie kennen die Seilbahn hoch zum Himmelsjoch?"

„Oh ja, dort oben habe ich gelegentlich den Trost der erhabenen Natur gefunden."

„Ich löste eine Fahrkarte mit dem festen Vorsatz, mein Bag – darin eine Ausrüstung vom Allerfeinsten – vom Gipfel hinabzuschmettern mit einem schauderhaften Schrei. Zufällig war ich ganz allein in der Gondel, was mich vor dämlichen Fragen bewahrt hat. Ich stürmte den Gipfel hinan und blickte hinab ins Tal. Ganz tief da unten glaubte ich winzige Golfer zu sehen. Ich hob das Bag. Der Wind toste mir ums Haupt. Ich schrie schauderhaft. Da durchzuckte mich ein Geistesblitz. Ich dachte an Sie."

„An die Dame Ihres Herzens?"

„Nein, nein. 'Sie' groß geschrieben. Sie, Herr Adolphe, der Mann mit dem unerschütterlichen Gleichmut. Die wenigen Ratschläge, die ich je umsetzen konnte, waren von Ihnen. Und deshalb, ohne jede Widerrede: Sie begeben sich an Ihrem nächsten freien Tag, bewaffnet mit meinen Schlägern, zum Platz im Tal. Dort habe ich beim Pro, falls Sie so etwas brauchen, noch 18 Lektionen gebucht und schon bezahlt. Sie können Sie alle haben. Nie wieder soll Golf eine Gelegenheit haben, mich unglücklich zu machen. Nicht mit mir! Bereiten Sie meine unverzügliche Abreise vor!"

Herr Adolphe waltete seines Amtes. An seinem nächsten freien Tag schulterte er das Bag, begab sich zum Golfplatz und fragte sich durch zum Pro.

Der lachte herzlich, als Herr Adolphe berichtete, wie er zum Bag, den Schlägern und den Lektionen gekommen war.

„Mir egal, welches Rabbit ich unterrichte. Ich zeige Ihnen mal die Endstufe."

Der Pro stellte sich in Positur, nahm ein Eisen fünf, hieb den Ball über 180 Meter. Dann sagte er gönnerhaft, das müsse man nur nachmachen, es sei ganz einfach.

Herr Adolphe, ein guter Beobachter, seit langem ein Theoretiker des Spiels, gewohnt, Anweisungen zu befolgen, stellte sich in Positur, sprach den Ball an. Und hieb ihn über eben jene 180 Meter, die ihm der Meister vorgeführt hatte.

„Aha", sagte der Pro. „Sie scheinen – im Gegensatz zu unserem gemeinsamen abgereisten Bekannten – kein hoffnungsloser Fall. Nehmen Sie doch einmal den tollen Driver, den Sie da im Bag haben."

Herr Adolphe sprach an, führte gemessen zurück, beschleunigte im Abschwung…

„Donnerwetter, Mann. Wenn Sie nicht so einen überaus ernsten und gediegenen Eindruck machten, würde ich sagen, hier veralbert mich einer, der sein Handicap verbirgt."

Den Rest der Stunde ging der Pro mit seinem gelehrigen Schüler alles durch, was es so an Finessen in seiner Kunst gibt. Am Ende sagte er:

„Herr Adolphe, wie heißen Sie mit Vornamen?"

Herr Adolphe dachte einen Augenblick nach und sagte dann: „Siegfried."

„'Siegfried' ist gut. Ich möchte Sie gern anmelden für den nächsten Sonntag beim Turnier der Hoteliers um den Siegescup der Saison. Es wird zu brutto gespielt, da ist Handicap Nebensache."

„Komisch", sagte der Hotelier zum Sekretär eine Woche später vor dem Club-Computer. Er war Hauptveranstalter bei diesem Cup und hatte den ganzen Tag mit Organisation verbracht. „Der Mann, der gewonnen hat, trägt denselben Namen wie das Faktotum in meinem Hotel. Siegfried Adolphe heißt der Kerl. Siegfried? Steht überhaupt kein Heimatclub dabei, kein Handicap. Hat die anderen nahezu deklassiert. Na, dann schreite ich mal zur Ehrung des Siegers."

Wenig später durchlebten der Hotelier und sein Angestellter außerordentlich peinliche Momente, als es um die Überreichung einer Schale von fragwürdiger Ästhetik, aber beträchtlicher Größe ging. Die Rede des Hoteliers blieb auf weiten Strecken zusammenhanglos. Seine Mitveranstalter gaben ihm den Rat, vor einem solchen Akt nicht so stark dem Weine zuzusprechen. Dieser letzte Tort des Tages brachte ihn dazu, sich mit schauerlicher Systematik volllaufen zu lassen.

In den nächsten Tagen oblag Herr Adolphe mit der gewohnten Gelassenheit seinen Pflichten. Der Hotelier war viel unterwegs. Endlich rief er ihn zu sich.

„Herr Adolphe, ich will das nicht weiter erklärt haben. Das Leben in seiner scheußlichen Ungerechtigkeit hat Sie offenbar mit einem Naturtalent fürs Golfen ausgestattet, während ich beim Erlernen gewisser Grundfertigkeiten bereits meinen und Ihren Job aufs Äußerste gefährdet habe. Gerade hat sich die Sache etwas stabilisiert, die Golfgäste kommen. Ich spiele mit ihnen gelegentlich eine Runde und verliere, meist nicht durch Unvermögen, sondern aus Berechnung, um ihnen einen Triumph zu gönnen. Und nun kommen Sie daher und ergreifen die höchste Trophäe, die ich mitverantworte, mit einer Nonchalance, die mir ans Herz greift."

Herr Adolphe sagte, er sei sehr betrübt und fern jeden Hochmuts. Gewiss habe er die Enden seines Tuns nicht bedacht. Der Hotelier hob gebieterisch seine Hand.

„Ich habe tief nachgedacht. Und ich bin zu folgender Lösung gekommen. Mit den anderen Hoteliers habe ich eine ansehnliche Wette laufen, dass Sie am nächsten Sonntag alle lokalen Favoriten aus dem Feld schlagen."

Diese Erwartung, wandte Herr Adolphe ein, sei zwar sehr schmeichelhaft, aber doch höchst unwahrscheinlich. Außerdem sei es ihm nicht recht, Gegenstand einer Wette zu sein.

„Papperlapapp! Mein Plan geht so: Sie gewinnen. Sie sacken alle Wettgewinne ein, womit Ihre einstige Pension aufgebessert wird. Gleichzeitig verlieren Sie auf immer den Status eines Amateurs. Und als Pro möchten Sie doch nicht in diese kalte Welt hinausziehen?"

Der Abend zog sich hin, mit vielen Einwänden. Am Ende siegte die dominante Persönlichkeit des Hoteliers. Eine Woche später Herr Adolphe. Sein Geld legte er auf einer Bank in der Nachbarstadt an, um ja nicht ins Gerede zu kommen.

An seinem nächsten freien Tag war es Zeit für das geheime Zusatzabkommen mit dem Hotelier. Herr Adolphe löste eine

Fahrkarte für die höchste Stufe zum Himmelsjoch. Bei sich führte er ein sorgfältig in Öltuch gehülltes, unförmiges Paket, das verschnürt schien für die Ewigkeit.

Unterhalb des Gipfels verließ Herr Adolphe die Gondel und schaute windumtost hinab ins Tal, wo in der Tiefe mit viel Phantasie ein paar Golfer auszumachen waren. Er schulterte seine Bürde und schlug einen wenig bekannten Weg zur Einsiedlerhöhle ein.

Hier hatte der letzte aller Eremiten vor etlichen Jahrzehnten in einer besonders kalten Winternacht sein Leben ausgehaucht, was dem Rest der Menschheit erst im folgenden Frühjahr zu Kenntnis kam. Herr Adolphe erreichte die Höhle, leicht schwankend unter seiner Last in der Höhenluft. Er schaltete, wohlvorbereitet, wie es nun einmal seine Art war, eine Taschenlampe ein und schritt bis an jene Stelle, wo der Einsiedler einst verschied. Dort legte er feierlich die Bürde nieder und verstaute sie. Dann entzündete er eine Kerze. Sinnend schaute er lange in ihre Flamme. Endlich ermannte er sich und trat die Rückreise an. Ins Tal, hinab zu seinen Pflichten.

Immer, wenn Herr Adolphe jetzt abends an den Tischen der Gäste die Kerzen entzündet, hat er für einen Augenblick so einen eigentümlich entrückten Ausdruck. Der Hotelier pflegt sich dann scharf zu räuspern. Herr Adolphe klirrt wie zur Antwort leise mit den Gläsern. Eines Tages, wenn niemand frevelhaft die letzte Ruhestätte des Einsiedlers gestört hat…

DIE STUMPEN-BANDE

Wo Rauch ist, da ist Feuer.
Wie verborgen kann die Lunte glimmen?

Es war an einem bis dahin friedlichen Dienstag im Clubhaus. Wie immer waren die Damen zur Bridge-Runde versammelt. Auch in dieser Disziplin pflegte die Ladies' Captain zu glänzen. Sie studierte ihre Karten. Plötzlich zog sie die für diese Zwecke recht geeignete Nase kraus. Sie witterte wie ein Schlachtross und winkte den Wirt heran.

„Hatten wir nicht vereinbart, dass Sie die Küchentüren geschlossen halten, wenn dort Zwiebeln angebraten werden oder der Koch irgend welchen infernalischen Knoblauch-Orgien huldigt?"

Der Gastronom war beleidigt.

„Da Sie und Ihre Damen es vorziehen, bei Wasser oder höchstens Apfelschorle zu spielen, findet gegenwärtig gar nichts in der Küche statt. Ich habe lediglich eine Flasche Wein edlen Jahrgangs dekantiert, um sie den Herren dort in der Ecke zu kredenzen."

Die Blicke der Damen gingen in die angezeigte Ecke. Unter einer dichten Rauchwolke, nur schemenhaft wie im dichtesten Nebel auszumachen, waren die Umrisse dreier Männer auszumachen.

„Haben Sie Ihnen diese Zigarren verkauft?"

Abermals war der Wirt beleidigt.

„Ich führe nur feinste Tabakwaren. Die Herren rauchen ihre selbst mitgebrachten Stumpen. Sie sind neue Mitglieder im Club und spielen unter der Woche jeden Tag. Hinterher dann genießen sie eine Flasche Wein und lassen sich fachkundig über einen guten Tropfen beraten.“

„Aber es ist Ihnen nicht gelungen, sie zu einem Tabakprodukt von – sagen wir mal – menschlich zuträglicherer Art zu ermuntern?“

„Das habe ich versucht, schon aus Geschäftsgründen. Aber die Herren haben mir eröffnet, dass sie nur Stumpen rauchen aus einem Kanton der räto-romanischen Schweiz. Die preisen sie als besonders würzig.“

„Würzig!“ Die Ladies’ Captain schnaubte. „Hiermit erkläre ich für meine Damen, dass diese Ausdünstungen und wir keine Gemeinschaft haben können. Bitte schließen Sie uns den großen Versammlungsraum auf. Wir weichen der Gewalt. Vorerst!“

Demonstrativ zogen die Damen ab. Eine von ihnen zitierte im Abgang laut den oft gehörten Spruch in Flugzeugen:… ”und aus Rücksicht auf die anderen Passagiere bitten wir Sie, weder Zigarren noch Pfeifen zu rauchen.“

Das Trio in der Ecke hatte von dem Streit um seine Personen nichts mit bekommen. Eingehüllt in den Kokon ihrer aus drei Stumpen aufsteigenden Schwaden genossen sie stillvergnügt ihren Wein, zu Ehren eines Birdies, das einer von ihnen auf der vertrackten Elf erspielt hatte.

Es wurde ein stumpenreicher Abend. Und der Rest der Woche verlief nach eben diesem Muster.

Am Wochenende spitzten sich die Dinge krisenhaft zu. Wer auch immer das Clubhaus betrat, schnüffelte hoch auf. Die allgemeine Theorie ging dahin, dass ein Feuer gewütet habe und dass der Club nur sehr knapp an einer Katastrophe vorbeigeschrammt sei. Der Wirt klärte auf.

Rasch waren die geflügelten Worte von der Zigarren-Mafia oder der Stumpen-Bande geprägt. Zum Kopf der Beschwerdeführer schwang sich ein Mann auf, der sich gerade unter heftigen

Entzugserscheinungen das Rauchen abgewöhnte. Der Präsident musste als Kadi fungieren und benannte einen Tag, an dem er alle Parteiungen anzuhören versprach. Zunächst getrennt.

Der Wirt sprach sich vehement gegen ein Loch-19-Verbot aus. Diese besonderen Gäste waren ihm lieb und teuer. Der Spielführer verwies auf die Kampagnen, die der Club zur Werbung neuer Mitglieder unternommen habe. Die Zigarren-Mafia (ein Ausdruck, den der Präsident rügte) sei auf diesem Weg dazu gestoßen. Die drei Herren hätten sich mit Begeisterung dem Golfspiel verschrieben, auch wenn sie dabei eigenbrötlerisch geblieben seien. Die Ladies' Captain gab eine oskarreife Darstellung der Krämpfe, an denen ihre Damen infolge der Qualmerei zu leiden hätten. Der Beschwerdeführer behauptete, im Namen einer großen Gruppe zu sprechen, die eine Absaugglocke über dem Tisch der Stumpen-Bande forderte, ausgestattet mit der Technik von Alpentunnel-Entlüftungen. Der Präsident seufzte.

Zum Schluss bat er die drei Delinquenten zu sich. Da saßen sie nun vor ihm, drei ältere Herren von offensichtlich robuster Gesundheit, mit gegerbter Haut. Sie strahlten eine Gelassenheit aus, die den Präsidenten sofort mit tiefer Sympathie erfüllte.

„Meine Herren! Es gibt Aufregung um Ihr – ich will es einmal wie der Alte Fritz sagen – um Ihr Tabakskollegium."

Die drei Grauhaarigen schauten einander an. Schließlich ermannte sich der, den sie offensichtlich zum Wortführer ausgeschaut hatten.

„Herr Präsident…"

„Bitte lassen wir das. Ich vermute, Sie haben selbst in Ihren Leben erfahren, wie rasch ein Ehrenamt daher kommt, dessen Würde aufgewogen wird durch die Bürde."

Die Herren nickten. Ihr Wortführer sprach:

„Gewiss doch. Wir sind diesem Club sehr dankbar, weil er für uns so eine Art Jungbrunnen ist. Sehen Sie, da waren wir drei Veteranen eines langen Berufslebens. Ein Glücksfall hatte uns in Freundschaft zusammengeführt. Wir stellten mit tiefer Dankbarkeit fest, dass wir das Rattenrennen unserer Berufsjahre mit guter Gesundheit überstanden hatten. Wir schauten uns um nach einem gemeinsamen Interessenfeld. Und daher kam Ihr Golfclub. Gleichzeitig ergriff uns die Begeisterung für den Golfsport. Noch ein Glücksfall wollte es, das wir ungeachtet unseres fortgeschrittenen Alters gar nicht so unanstellig waren. Und so ergriff sie uns, die Leidenschaft…"

„Verstehe", unterbrach der Präsident. „Die Leidenschaft für das Rauchen von Zigarren."

„Keineswegs. Die Leidenschaft für das Golfspiel. Zwar spielen wir drei vorerst nur mit und unter einander. Aber das Rauchen hinterher geschieht gleichsam im Geiste der Erfinder, der Indianer. Wir schmauchen die Friedenspfeife und trinken einen Wein, weil – entschuldigen Sie das Pathos – wieder ein kleines Fest des Lebens einen krönenden Abschluss hat."

Der Präsident war beeindruckt.

„Aber diese Stumpen – wie mir der Wirt sagt, aus der Schweiz, die mir mit dem Export der Dinger gegen die Neutralität zu verstoßen scheint – diese Sargnägel mit ihrer betont individuellen Note – die müssen bei diesen Festen des Lebens unbedingt sein?"

„Wir finden sie unverzichtbar."

Ein Schweigen senkte sich herab. Endlich räusperte sich der Präsident.

„Meine Herren, darf ich davon ausgehen, dass Sie aus dem langen Berufsleben nicht ohne ein gewisses finanzielles Polster hervor gegangen sind?"

Zögerliches Nicken.

„Dann schlage ich Ihnen vor, ein Projekt zu verwirklichen, das der Club aus Kostengründen zurückstellen musste. Es ging darum, einen Teil der Terrasse mit einem Wintergarten auszurüsten. Was halten Sie davon, einen Glas-Pavillon zu finanzieren und dort Ihren Stammtisch einzurichten, mit freier Entfaltung Ihrer Zigarren-Rechte?"

Die drei Tabakfreunde baten sich Bedenkzeit aus. Dann stimmten sie zu. Ein Witzbold heftete ein Schild "Hier baut die Arge Stumpen" an die Arbeitsstätte, wo auf der Clubhaus-Terrasse ein schmucker Pavillon entstand. Als er fertig war, bezogen die drei Freunde ihr Quartier. Besonders wenn die Nacht herab sank, bot sich ein erstaunlicher Anblick. Auf dunkler Fläche eine Insel, erfüllt von milchigem Licht, in dem drei Schatten auszumachen waren, gelegentlich etwas aufgewirbelt, wenn die Insassen mit Speis und Trank versorgt wurden.

Dies war die Phase der Koexistenz. Der Club und die Stumpen-Freunde lebten neben einander und aneinander vorbei. In dem Maße, in dem sich das Clubhaus geruchlich neutralisierte, hatten sich die Wogen geglättet. Gästen wurde der Glas-Pavillon mit einem gewissen Stolz gezeigt, als skurrile Besonderheit, die andere nicht hätten. Das war wohl wahr. Anderen war aber nie so recht klar zu machen, warum man drei Mitglieder gleichsam unter einen Glassturz gestellt hatte.

Dann ein Tag der Krise. Das alljährliche Kräftemessen mit dem Nachbarclub stand an, ein Ereignis, das den Korpsgeist der Mitglieder forderte. Über die Jahre war der Kampf um den Wanderpokal ziemlich gleichmäßig ausgegangen. Mal wurde der Sieg auf eigenem oder fremden Platz erfochten oder ging verloren. Für dieses Jahr ging es darum, den Pokal auf eigenem Grund zurück zu erobern. Und plötzlich stellten der Spielleiter und die Ladies' Captain mit Bestürzung fest, dass der massiven Anmeldung der anderen kein gleich starkes Engagement aus dem eigenen Club gegenüber stand. Beide schwärmten aus zur Seelenmassage. Die Ladies' Captain konnte schließlich verkünden: die Damen-Brigade ist aufgestellt. Der Spielführer aber raufte sich die ohnehin spärlichen Haare. Zwar hatte er nun ein paar Kämpen mehr. Doch als er die Stammvorgaben durchblätterte, kam er sich wie ein Feldherr vor, der unzureichend ausgerüstete Soldaten in die Schlacht schicken musste.

Die Herrin der Damen stellte sie schließlich, nonchalant, die Frage, die den Spielführer insgeheim umtrieb.

„Und was ist mit der Stumpen-Bande?"

„Tja. Die spielen ja nahezu täglich. Aber immer nur untereinander. Gegenseitig haben sich die drei alten Knaben immer bessere Resultate bescheinigt. Sind alle angeblich bei Handicaps unter 20."

„Klingt doch gut. Vielleicht haben diese schauderhaften Stumpen doch einen positiven Zweck."

„Tja. Wie nun, wenn sich die drei treuherzigen Burschen gegenseitig nette Scores bescheinigen, um ihrer Freundschaft willen?"

Die Ladies' Captain tat geschockt.

„Meine Damen würden sich zu einer solchen Sünde gegen St. Andrews und den Geist des Golfspiels nie und nimmer hinreißen lassen."

Der Spielführer erlitt einen Hustenanfall, der erst durch heftiges Klopfen auf den Rücken gemildert wurde. Dann krächzte er:

„Ich spreche mit den Stumpen-Heinis."

Das Gespräch verlief äußerst erfreulich. Die Drei waren sofort bereit, sich nach den Dispositionen des Spielführers eintragen zu lassen und ihr Bestes für den Club zu geben.

Aus der Siegesrede des Präsidenten, nachdem er den zurück gewonnenen Wanderpokal hochgehalten hatte in den Jubel der einen und den höflichen Beifall der anderen:

„Diesen großen Erfolg haben wir nicht zuletzt dem Einsatz von drei Golfern zu verdanken, die in diesem Club bisher eine Rand-existenz führten. Ja, ich spreche von denen, die Ihr die Zigarren-Mafia oder die Stumpen-Bande zu nennen pflegt. Ich war mehr oder weniger gezwungen, für diese drei, die das Herz auf dem rechten Fleck tragen und die den Schläger wohl zu schwingen wissen, ein Isolier-Refugium zu schaffen: den Glas-Pavillon auf der Terrasse. Meine Damen, meine Herren: ich weiß nicht, ob mich dieser Überschwang reuen wird. Ich bitte unsere drei wak-keren Tabakfreunde um einen Stumpen. Bitte reichen Sie auch dem Repräsentanten unserer wackeren Gegner eine Zigarre. Wir Häuptlinge begeben uns nun in das gläserne Wigwam und schmauchen die Friedenspfeife."

Nur eine halbe Stumpen-Länge später erschienen die beiden obersten Vertreter der Golfclubs wieder im festlich geschmückten Restaurant. Beide wirkten etwas angeschlagen neben den Helden des Tages. Mit leicht grünlichen Gesichtszügen setzte der Präsi-dent die Schlusspointe:

„Liebe Golfer! Soeben ist in unserem Kreis die Idee für ein wei-teres Wettspiel geboren worden, das wir abwechselnd auf unse-rem Platz und dem der verehrten Konkurrenten austragen wer-den. Es wird gesponsert von der – ich bin autorisiert, das Wort zu benutzen – von der Zigarren-Mafia. Gespielt wird um den Golde-nen Stumpen."

Großer Jubel. Das einzige, was diese Schlusspointe beeinträchtigte, war, dass der Präsident vergaß, das Mikrofon auszuschalten. Alle hörten ein sehr dringliches: „Herr Wirt, schnell. Mir ist flau. Einen Magenlikör bitte!" Das anschließende Indianer-Geheul fand der Präsident ziemlich anzüglich.

ARMER KERL

Konzentration: Mutter aller Golfschläge.
Wie oft stört der andere?

Die Tür zur Clubhaus-Bar schwang auf, getrieben von der Kraft, die hinter einem Weitschlag steckt. Ein Mann schoss herein. Unser Wirt, ein erfahrener Diagnostiker, griff zum Bierglas und schenkte ein unter Mißachtung der normalen Zapfzeit. Der Mann trank dankbar das Glas bis zur Neige und gab einen ersten Laut der Zufriedenheit von sich:

„Ah, das tut gut. Noch ein Glas!"

Ich saß am Fenster und hatte in vermutlich aufreizender Ruhe dem Trinker zugeschaut. Der steuerte nun, bewaffnet mit einem zweiten Glas, meinen Tisch an, und sagte:

„Sie haben gut grinsen. Sie haben ja auch keine Zeit mit dem größten Schwätzer unter der Sonne zugebracht. Um ein Haar wäre ich zum Totschläger geworden. Dann wäre ich so lange durch die Gerichte gezogen, bis ich einen Golf spielenden Richter gefunden hätte. Der hätte mich umgehend freigesprochen."

Einladend wies ich auf den Stuhl an meinem Tisch. Der Mann stand offensichtlich unter enormem Stress und musste dringend zur Wiederherstellung seines seelischen Gleichgewichts seine Erlebnisse los werden.

„Erzählen Sie mir alles!"

Er musterte mich mißtrauisch und kniff die Augen zusammen.

„Kennen Sie den englischen Ausdruck 'patronizing'? Ich will verdammt sein, wenn ich nicht so eine Art Herablassung bei Ihnen entdecke. Und das nach diesem Tag!"

Eilends ordnete ich meine Gesichtszüge, sagte aber nicht ohne Nachdruck:

„Wir wollen ein Mal die Etikette dieser Sache klarstellen. Ich saß hier friedlich und sah die Sonne sinken über Abschlag eins, als Sie hier herein schossen wie ein verrückter Märzhase. Wenn Sie mir das, was Sie erlebt haben, erzählen wollen, soll es mir Recht sein. Ansonsten lassen Sie mich in Ruhe!"

Er nickte anerkennend.

„Faire Spielregeln. Wetten wir um einen Drink, dass Sie nach meiner Geschichte sagen werden: 'Armer Kerl'?"

„Abgemacht."

Der Mann stopfte sich eine Pfeife. Die letzten Strahlen der Sonne tauchten alles in ein mildes, versöhnliches Licht. Versöhnlichkeit aber lag meinem Gegenüber fern.

„Ich weiß ja nicht, wie es Ihnen gelungen ist, sich an einem Werktag so einfach davon zu stehlen, den lieben Gott einen guten Mann sein zu lassen und Golf zu spielen. Falls Sie nicht zu denen gehören, die immer erst an Loch 19 so richtig in Form kommen… Schon gut, keine unnützen Aggressionen. Also, ich habe meine Golfschläger immer im Auto, für den Fall der Fälle. Heute morgen hagelte es plötzlich Terminabsagen. Da gab's nur eines: Raus auf den Platz! Voller Vorfreude näherte ich mich dem Abschlag eins. Mein Sinn stand nach einer Runde so ganz allein, nur ich gegen den verflixten Architekten unseres Platzes. Als ich näher kam, stand da ein Bursche herum, den ich noch nie gesehen hatte. Diskret schielte ich auf den Anhänger an seinem Bag. Wie es das Unglück wollte, gehörte er zum Club. Wir werden ja auch immer größer. Die guten alten Zeiten, da jeder jeden kannte, sind vorbei. Kann mich auch nicht erinnern, dass Sie zu denen gehören, die damit anfingen, Steine aufzusammeln von den Äckern, die heute unsere Fairways und Grüns sind…"

„Muss ich zugeben", sagte ich mit leisem Schuldbewusstsein. „Als ich kam, war das Nest schon gemacht. Aber es kann ja auch nicht jeder zu den Pionieren und den Kamerad-Weißt-Du-noch-Leuten gehören."

Die Sonne war nun endgültig verschwunden hinter dem kleinen Wäldchen, das schon so viele Bälle geschluckt hatte. Der letzte Abglanz eines schönen Tages erleuchtete den Raum. Der Clubhaus-Wirt hatte sich diskret zurückgezogen, nicht ohne uns ein weiteres Mal mit vollen Gläsern versorgt zu haben. Mein Partner nahmen den Faden wieder auf.

„Da steht also dieser Mensch und quatscht mich an. Meint, wir sollten einander nicht unsere Handicaps nennen, sondern ohne jede Verrechnung ein Lochspiel gegen einander spielen. Ich gebe Ihnen das in einer meisterhaft gekürzten Version wieder. Es hätte mich gleich mißtrauisch machen sollen, dass der Kerl für diesen simplen Vorschlag ungefähr tausend Worte brauchte. Aber – was sollte ich machen? Golf oblige. Wir warfen eine Münze um die Ehre. Ich gewann. Und nach einem passablen Abschlag war ich bereit, mein Spiel zu genießen. Da stützt sich doch dieser Typ auf seinen Driver, fixiert mich und beginnt zu reden. Ob ich wüsste, warum Golf so ein faszinierendes Spiel sei. Könige, Präsidenten, Wirtschaftslenker – sie alle seien gleich vor der Aufgabe, eine kleine weiße Kugel über hunderte von Metern in ein tassengroßes Loch zu treiben. Na, und was dergleichen Schnickschnack so ist.

'Hören Sie mal!' brach ich ein mitten in eine lange Passage, warum Golf am ehesten vergleichbar sei mit der Suche nach dem heiligen Gral. 'Wenn Sie jetzt nicht anfangen, den Gral zu suchen, wird es duster, bevor Ihr Ball überhaupt das Tee verlassen hat. Ich halte es mit der Grundregel: Golf spielen heißt einen Ball durch

aufeinander folgende Schläge vom Abschlag ins Loch zu befördern. Und meine einzigen Götter sind die Herren im heiligen
Andrews, die mir die Regeln setzen.' Und ich schwor mir: wenn
der jetzt einen Flop hinlegt, bin ich auf und davon. Er spricht den
Ball an, zum ersten Mal die Klappe haltend. Was soll ich Ihnen
sagen? Dieser Armleuchter legt einen meisterlichen Weitschlag
hin. Das Leben hält sich eben, im Gegensatz zu Golf, an keinerlei
Regeln.

Während wir zu unseren Bällen gingen, erheiterte mich dieser
Wicht durch eine ziemlich peinliche Schilderung, wie er an die
Grenzen seiner technischen Fähigkeiten gekommen sei. Und wie
er durch mentales Training eine neue Tür aufgestoßen habe. Sein
Problem sei eine unvollständige Visualisierung.

Das erste Loch verlor ich. Als ich an der Bahn zwei über dieses
Gestrüpp schlug, das der Greenkeeper immer so hartnäckig ein
Biotop nennt, war meine Visualisierung bereits ziemlich mörde-
risch gestimmt. Der andere gewann auch Loch zwei. Und
quatschte unaufhörlich.

Ich versuchte es mit Sarkasmus. Ob er 'Fisches Nachtgesang'
kenne, von Morgenstern? Nein, die Worte des Meisters seien ihm
eben nicht präsent.

'Das ist es ja eben. Es sind keine Worte. Der Meister hat nur
eine Reihe von Fischmäulern gezeichnet. Und ich will noch etwas
hinzufügen. Wir haben zu Hause einen Kanarienvogel und im
Gartenteich an die 60 Goldfische. Nichts gegen den Vogel, ich
bringe ihm täglich sein Futter. Aber die Art und Weise, wie dieses
gefiederte Wesen unentwegt eine Schallschleppe um sich verbrei-
tet, sticht manchmal doch recht unvorteilhaft gegen meine
stummen Freunde im Teich ab.'

'Verstehe. Ich soll wie ein Fisch sein. Eine meiner leichtesten
Übungen!'

Es hielt ein Loch lang. Nachdem ich am Par Drei das Grün verfehlt hatte, vermutlich wegen ungenügender Visualisierung, hielt er mir einen Vortrag über die Ökonomie der Bewegung unter besonderer Berücksichtigung der Lehren Leadbetters. Und wieder gab es kein Entrinnen. Der Bursche pflanzte seine Murmel aufs Grün. Wieder hatte ich ein Loch verloren.

'RUHE!' brüllte ich.

Es funktionierte wider Erwarten. In der eintretenden Stille gewann ich die folgenden beiden Löcher. Mein Mitspieler nahm wieder menschliche Züge an. Da machte ich den kolossalen Fehler und richtete ein leutseliges Wort an ihn.

Sehen Sie, der Mensch hatte sich gewissermaßen zugekorkt. Nun schoss der Pfropfen heraus. Er sprudelte eine umfassende Darstellung vergleichender Golfarchitekten-Schulen hervor, eine relative Abschätzung von Bunker- und Wasserhindernis-Bevorzugung… Ich holte tief Luft, mein Griff verstärkte sich gegen jeden Ratschlag der Pros. Meine Knöchel wurden weiß und ich zählte:

'Neun, acht, sieben, sechs…'

Mein Gegner blickte mich besorgt an. Mein Ball verschwand auf einer absolut grauenhaften Kurve im Wäldchen.

Vermutlich ist es ein schäbiger Charakterzug von mir. Aber jetzt konnte ich einfach nicht mehr anders. Mitten in seinen Abschwung hinein wies ich ihn darauf hin, welche wertvollen Erkenntnisse man durch die Beobachtung seines eigenen Schattens gewinnen könnte. Da stand der Kerl und blickte immer wieder auf seinen Schattenriss. Zum ersten Mal verzog er gründlich seinen Ball.

Und dann begann mein Gegner trotzig zu schweigen, Ich glaube nicht, dass ich ein übermäßig sensibler Mensch bin. Meine Frau ist nicht dieser Ansicht. Aber der Sog, der von diesem plötzlich verstummten Typen ausging, war schlimmer, als wenn er die Umwelt weiter durch sein Geplapper verschmutzt hätte. Hier ging ein Märtyrer durchs Gelände, den eine verbale Darmverschlingung durch eine Implosion zu zerreissen drohte. Ich hielt es nicht mehr aus und entschuldigte mich für meinen Psycho-Trick mit dem Schatten.

Er verzieh mir. Mit tausend Worten. Während der Stummfilm-Zeit hatte ich aufgeholt. Als wir zum letzten Loch kamen, lagen wir gleich auf. Nun musste es sich entscheiden.

Während mein Kopf umschwirrt war wie von tausend Schnaken, sprach ich an zum Finale. Nicht übel. Der Ball verschwand verheißungsvoll über der Kuppe. Mein Gegner schwieg für den kurzen Augenblick, da er ansprach… ich merke erst jetzt, wie doppelbödig das Wort klingt. Es war, als ob das Meer aufgehört hätte zu rauschen. Auch sein Abschlag vom Tee war gut. Während wir zu unseren Bällen trotteten, hielt mir der Schwätzer Vortrag darüber, in welchem Ausmaß das Golfspiel von Psychologie beherrscht sei und wie eine gute seelische Grundstimmung helfen könne, selbst einen technisch stärkeren Gegner zu besiegen. Ich hatte meine Ohren auf Duchzug gestellt. Machte mit der mir verbliebenen Kraft eine prachtvolle Annäherung und schlug den Ball mitten aufs Grün, nur zwanzig Zentimeter vom Loch entfernt. Das Birdie war mir sicher. Der Plapper-Bube näherte so an, dass er einen Zwölf-Meter-Putt zum eher unwahrscheinlichen Birdie hatte, wollte er noch gleichziehen.

'Sie werden ja wohl so großmütig sein zu schenken', sagte ich. 'Damit dürfte dann ein Spiel enden, an das ich mich noch lange erinnern dürfte.'

Aber was soll ich Ihnen sagen? Der miese Mensch schenkte nicht. Sondern versenkte den Ball. In meinem Hirn kochte es, als ich zu meinem Mini-Putt ansetzte, der nun allenfalls Gleichstand bringen konnte und damit eine Fortsetzung der Qualen. Der Putter zitterte in meiner Hand. Ich brauche Ihnen ja wohl kaum noch zu sagen, warum ich durch die Tür geschossen kam in der Manier eines – wie Sie sich auszudrücken beliebten – eines verrückten Märzhasen."

Wir schwiegen eine Weile in einer So-ist-das-Leben-Stimmung. Dann sprach ich es aus, das erlösende Wort:

„Armer Kerl!"

DER SCHLÄGER UND SEIN RICHTER

Kein Spiel auf Leben und Tod.
An welche Grenzen geht es dennoch?

„Wir sind uns also einig", sagte der Richter und blickte zum Staatsanwalt hinüber. „Dieser Fall ist nicht weiter öffentlich zu verfolgen. Ich möchte hinzufügen, dass ich hoffe, ein Zivilgericht möge eine verdammt saftige Strafe verhängen. Es geht nicht an, mit einem so mörderischen Gerät wie es ein…"

Der Richter blätterte in den Akten.

„… wie es ein so genanntes Sandwedge darstellt, ein menschliches Wesen zu attackieren, was auch immer die vorausgegangene Provokation sein mag. Dieses Gericht schließt jedenfalls die Akten. Allerdings…"

Oh Gott, dachte der Staatsanwalt. Der Alte hat wieder seinen philosophischen Tag. Das kann dauern.

„Allerdings scheint es mir keine vertane Zeit, auszuloten, was einen Menschen von gesitteter Anmutung und korrektem Erscheinen *in extremis* geführt hat, so dass der Höhlenmensch unter der dünnen Tünche der Zivilisation hervortrat. Das Leben hat mich in eine Position berufen, da eine nie abreißende Prozession von Missetätern vor mir vorbeizieht, die auf alle erdenklichen Weisen das Gesetz mit den Füßen treten. Mein ewiger Traum ist es, dass unter diesen fühllosen Larven einer sei, der die Antriebsfedern seines Verbrechens selbst zu ergründen versuchte. Insofern, Herr Staatsanwalt, möchte ich ungeachtet der bereits ergangenen Entscheidung die Motive dieses Menschen ergründen."

Der Staatsanwalt verneigte sich mit einer verbindlichen Geste.

Der scharfsichtige alte Richter blickte ihm prüfend in die Augen.

„Sehen Sie, soeben haben Sie gedacht: dieser vertrottelte Greis stiehlt mir die Zeit für die nächsten erfolgreichen Anklagen. Dennoch dürften Sie noch eine Meile davon entfernt sein, mir das Bürgerliche Gesetzbuch samt Kommentaren, ein schwergewichtiges Konvolut, über den Schädel zu ziehen. Dieser Unmensch dagegen hieb mit einem… äh…"

„Sandwedge!"

„… einem für solche Zwecke jedenfalls sehr geeigneten Sportgerät einer jungen Dame, die laut beigefügtem Foto zumindest vor der Tat recht attraktiv war, quer über den Kopf. Wenn wir ergründen, was einen bis dato Unbescholtenen vor dieses Gericht, das er offensichtlich wie das jüngste über sich ergehen lässt, getrieben hat, so lernen wir etwas über die Antriebsfedern menschlichen Handelns. Unter besonderer Berücksichtigung einer Spezies von *homo sapiens*, die das Keulenschwingen der Troglodyten als raffinierte Sportform ausgibt, vulgo der Golfer."

Der Richter stützte die Arme auf, faltete seine dürren Hände auf unnachahmliche Weise unter dem Kinn, so dass sein Geierhals besonders hervortrat. Der Ex-Angeklagte, der seine Sache selbst vertrat aus dem Gefühl heraus, dass da nichts zu verteidigen war, kam sich aufgespießt wie ein Käfer vor. Der Einduck, in einem nicht enden wollenden Alptraum zu stecken, verstärkte sich noch, weil sich just in diesem Augenblick ein Sonnenstrahl durch die staubigen Scheiben des Gerichts kämpfte und die kahle Platte des Richters mit den abgezählt quer liegenden Haaren in ein unwirkliches Licht tauchte.

Felix war, anders als es sein Name verhieß, unglücklich. Er war überaus förmlich gewandet für diesen Anlass, was sein Unbehagen noch steigerte. Verstohlen fuhr er sich zwischen Hemdkragen und Krawatte und lockerte etwas den Würgegriff des Windsor-knotens.

Der Richter blinzelte in dem Sonnenstrahl, in dem Millionen Staubpartikel aufleuchteten, und sagte mit überraschend sanfter Stimme:

„Es ist – wie gesagt – mein stets widerlegter Traum, einer erschiene mal vor den Schranken dieses Gerichtssaales, ausgestattet mit genügend analytischen Fähigkeiten, um Rechenschaft für sein Tun abzulegen. Sind Sie dieser Mensch?"

Felix schluckte eine Alice-im Wunderland-Vision nieder, die ihm den Richter für einen Augenblick in einen überdimensionalen Hasen verwandelt hatte. Er räusperte sich geräuschvoll.

„Bisher war niemand bereit, Geschichte und vor allem Vorgeschichte einer Tat anzuhören, die ich menschlich bereue, die ich aber – ich bedaure dies sagen zu müssen – wieder beginge, wenn mich das Leben noch einmal in eine solche Lage führen sollte. Sind Sie dazu bereit, Euer Ehren?"

Der Richter... ja wahrhaftig: er schmunzelte.

„Lassen Sie diesen Unsinn mit 'Euer Ehren'. Es ist die Frucht zu vieler US-Serien, in denen meine amerikanischen Kollegen in dieser beneidenswerten Rolle als Halbgötter erscheinen, über Einsprüche entscheiden, phantasievolle Strafen verhängen wegen Mißachtung, in mythischer Entrücktheit den Kampf von Anklage und Verteidigung schiedsrichtern. Aber in allen Ehren: ich bin bereit zuzuhören. Den Einspruch des Herrn Staatsanwalts habe ich soeben abgelehnt."

Der Staatsanwalt lehnte sich in den Schatten zurück, um unergründlicher zu wirken. Der Richter hingegen steckte den Kopf mitten in den kecken Sonnenstrahl, so dass seine Ohren aufglühten, und sagte, er höre.

Felix schluckte. Dann begann er mit sich festigender Stimme eine Rechtfertigungsrede, die deshalb einen gewissen Fluss hatte, weil er innerlich daran gearbeitet hatte.

„Die Vorgeschichte meiner Tat ist damit verbunden, dass es mir vor einiger Zeit, die mir nun schon unermesslich weit entfernt scheint, vergönnt war, einen Traum zu verwirklichen. Ich reiste vier Wochen nach Kanada, nach British Columbia. Zwar war ich schon vorher geschäftlich und auch privat in den USA. Diesmal jedoch hatte ich erstmals wahrhaft den Eindruck, in einer Neuen Welt zu sein. Die majestätische Kulisse der Rocky Mountains, die unermessliche Größe des Landes, in das unser überfülltes 26mal hineinpasst, die Begegnung mit der Tierwelt… Ich krönte dies, indem ich an den schönsten Stellen Golf spielte, an meinem Geburtstag auf einem Platz von so erlesener Beschaffenheit… es gibt da ein Grün, hinter dem ein gewaltiger Wasserfall herabgeht… Am anderen Tag trat ich die Heimreise an in unsere … äh… Gefilde…"

Der Sonnenstrahl war geschwunden, der Raum in sein übliches Grau getaucht. Eine Uhr richtete mit aufreizender Gleichgültigkeit die Zeit hin. Felix warf ihr einen vorwurfsvollen Blick zu und kam zum schwereren Teil.

„Abgeflogen war ich am Ende eines grandiosen Tages. Im Flugzeug schlief ich mit dem poetischen Gedanken ein: wenn jetzt die Uhr des Lebens abliefe, weil für einen Augenblick der Trick, mit Kerosin die Schwerkraft zu überlisten, versagte, was soll's? Ich landete hart. Ich meine nicht die Maschine. Die setzte normal auf. Aber dann, an der Gespäckausgabe, umringt von übernächtigten Menschen nach einem Flug über zehn Zeitzonen, entdeckte ich, dass mit mir etwas geschehen war. Ich war gleichsam aus der Normalität unseres Teils der Erde herausgefallen. Im Taxi erlebte ich schweißgebadet, wie der Fahrer um den Vorteil einer Sekunde sein und mein Leben mit einer Bedenkenlosigkeit aufs Leben setzte, als sei es nichts wert. Mit der Inbrunst des Fanatikers fuhr er auf der Autobahn hinter einem Wagen her, dessen Antrieb offensichtlich aufs letzte ausgereizt war. Er kommentierte das mit den Worten: 'Nun sehen Sie sich diesen Armleuchter an. Kann kaum krauchen, aber auf der linken Spur. Und wenn man dann blinkt, rennen die zur Polente und quatschen was von Nötigung!' Ich fragte: 'Könnte es sein, dass da vorne auch ein Mensch sitzt?' Der Fahrer warf mir einen argwöhnischen Blick zu. Als ich vor meinem Haus anhielt, steckte der Nachbar seinen Kopf über eine Hecke, deren geometrische Form erfolgreich alles Unordentlich-Natürliche abgelegt hatte. Statt einer Begrüßung fuhr er mich an: 'Hören Sie mal, dieses wüste Unkraut da in Ihrem so genannten Garten – es schwärmt ständig aus, ich weiß gar nicht mehr, wie ich meine Anlagen noch in Ordnung halten soll.'

In meinem Zuhause, das mir unbestimmt feindselig aus einem Dornröschenschlaf der Verschmutzung gerissen vorkam, versuchte ich, ein wenig zu schlafen. Aber einerseits steckte mir ein gewaltiger Jetlag in den Knochen. Andererseits wurde mir erstmals schmerzhaft bewusst, daß man in unseren Breiten einen gewissen Reichtum haben muss, um so zu wohnen, dass sich das überaus geschäftige Nebeneinander nicht akustisch aufdrängt. Misstrauisch blickte ich aus dem Fenster, ob man eine neue Durchgangsstraße eröffnet hatte. Nein. Die Sache lag allein bei mir, bei meiner in der Neuen Welt gebliebenen Befindlichkeit. Da gab es nur eine Lösung…"

„Eine Lösung?" fragten der Richter und der Staatsanwalt wie in einem lange einstudierten Duett.

„Die Erlösung, die ich suchte von meinem Odysseus-nachder-Heimkehr-Kater, war vielleicht auf dem Golfplatz zu finden. Ich fischte aus den verstreut herumliegenden Gepäckstücken mein Bag heraus. Meinem Auto war ich dankbar, dass es ohne großes Murren anspang. Vorsichtig, noch ganz gewöhnt an die Rücksichtnahme und das entspannte Fahren in Kanada, fädelte ich mich in den Verkehr ein und fuhr den vertrauten Weg zu meinem Golfplatz. Obwohl rechts fahrend, entdeckte ich im Rückspiegel das herrische Blinken eines Cabrios. Mit – wie mir vorkam – aberwitziger Geschwindigkeit schoss eine Frau mit wehendem roten Haar vorbei. Zur bisher einzigen Freude dieses Tages gehörte, dass ich etwas später sah, wie das Cabrio von zwei Polizisten angehalten worden war und die Rothaarige erregt gestikulierte. Ich stellte das Auto auf dem Parkplatz des Clubhauses ab und blieb einen Augenblick sinnend sitzen. Dann stieg ich aus. Und nur ein reaktionsschneller Sprung bewahrte mich vor dem Tod. Eben jenes Cabrio schoß auf den Platz neben meinem Wagen und wurde Kies spritzend zur Ruhe gerissen. 'Haben Sie diese Schergen gesehen?' fragte mich die Cabrio-Dame. 'Der eine Kerl wollte mir doch tatsächlich auf der Stelle den Führerschein abnehmen. Der andere meinte, ich sei wohl noch einen Kilometer unter der Marke geblieben. Auf jeden Fall würde ich was aus Flensburg hören. Der Polizeiterror in diesem Land wird immer schlimmer.' Das Adrenalin, das in mein Blut geschossen war bei meinem Rettungssprung, ebbte etwas ab. Ich stieß hervor: 'Hören Sie, mussten Sie so auf mich zufahren? Der verdammte Parkplatz ist doch völlig leer!' Die Frau ließ ein silberhelles Lachen ertönen, das unglaublich an meinen Nerven zerrte. Wider Willen mußte ich mir eingestehen, dass sie durchaus attraktiv war, wenn man den Typ mag…"

„Also holten Sie das Gerät namens Sandwedge heraus und

änderten den Tatbestand dieses guten Aussehens nachhaltig", sagte der Staatsanwalt verständnisvoll. „Damit auch dieses silberhelle Lachen aufhörte."

Felix lehnte sich zurück und fixierte erst den Staatsanwalt, dann den Richter.

„Entweder kann ich meine Geschichte in ihrer ganzen tragischen Folgerichtigkeit erzählen, oder ich verweigere die weitere Selbstentblößung meiner Person. Zu diesem Zeitpunkt war ich weit entfernt von jedem mörderischen Gedanken."

Der Richter blickte streng zum Staatsanwalt hinüber.

„Herr Staatsanwalt, diese Also-Schlussfolgerungen sind eine berufliche Verbiegung. Lassen Sie uns weiter zuhören!"

Felix nickte dankbar.

„'Na los, hopp, hopp, hopp!' sagte die Dame. 'Ziehen Sie Ihre Spikes-Schuhe an, Sie dürfen eine Runde mit mir spielen.' Ich kann es nur durch einen eigentümlichen Defekt meiner Erziehung oder Ich-Werdung erklären, dass ich mich einige Minuten später am Abschlag eins mit einem Weibsbild wiederfand, dem meine spontane Abneigung galt. Ich habe nicht die Absicht, dem Gericht eine genauere Schilderung des Spielverlaufs zu geben. Mit Nachdruck widerspreche ich der These, Golf sei wie das Keulenschwingen der Troglodyten. Es ist im Gegenteil ein mit der Natur verbundenes edles Spiel, das zu seinem Funktionieren eines Regelwerks bedarf, das schon mit der Gesetzesmaschinerie verglichen werden kann. Die gesetzgebende Instanz sitzt in Schottland und schafft Verbindlichkeit für Millionen und Abermillionen von Golfern.

Und doch ist Golf letztlich nur möglich durch eine Art innerer Führung, umschrieben mit dem Wort Etikette…"

Der Staatsanwalt hatte diesen besonderen Ausdruck aufgesetzt, den er für Verteigungsreden aus dem letzten Graben bereit zu halten pflegte. Der Richter trug die unergründlichste Miene seines Amtes.

Nach seinem Ausflug ins Fundamentale setzte Felix neu an.

„Ein wenig vom Spielverlauf kann ich dennoch nicht ersparen. Aber da sich das ganze Drama auf der Bahn eins abspielte, bleibt dies überschaubar. Das erste Loch ist in meinem Club ein Par fünf. Die Aufgabe besteht darin, in möglichst nur fünf Schlägen über 534 Meter einen kleinen Ball in ein 10,8 Zentimeter breites Loch zu spielen. Links lauert seitliches Wasser, rechts steigt das Gelände hügelig an, das Ganze ist ein Dogleg…"

„Ein was?"

„Ein Hundebein", übersetzte der Staatsanwalt maliziös. „Vermutlich im Code der Golfer auf abknickende Beschaffenheit des Geländes verweisend."

„Genau. Es gelang mir, ungeachtet aller widrigen Umstände, mich innerlich nach Kanada zu versetzen. Und so hatte ich einen absolut phantastischer Abschlag. Die Dame aus dem Cabrio, 50 Meter weiter vorn abspielend, schlug – wie ich meinte – ihren Ball ins Aus auf der rechten Seite. Ich bat Sie höflich, lieber einen sogenannten provisorischen Ball zu spielen. Aber sie lehnte ab. Sie würde ihren Ball garantiert finden. Ich zuckte mit den Achseln. Die Regel sagt: ein Ball sollte längstens fünf Minuten gesucht werden. Ohne große Hoffnung stapfte ich in dem dicken Klee herum, den unser Platzwart dort wachsen lässt. An einer Stelle, über die ich schon mindestens dreimal gegangen war, lag plötzlich, gut spielbar, ein Ball. Die Dame lacht ihr silberhelles Lachen in mein verdutztes Gesicht und sagte: 'Ach Ihr Golfer mit Eurer wunderlichen Etikette und der einfältigen Art, etwas auf Treu und Glauben hinzunehmen. Ich habe für solche Fälle an einer Stelle, wo zumindest kein Mann mich zu durchsuchen wagte, einen Ersatzball. Den lasse ich dann heimlich fallen. Hat mir schon ein paar nette Preise eingebracht.'"

„Und da Sie die Ideale Ihrer golferischen Welt am innersten Punkt getroffen sahen, holten sie mit dem... äh ... Sandwedge aus..."

Felix blickte gequält zum Richter, der ihn unterbrochen hatte. Der Staatsanwalt murmelte: „So das geschieht am dürren Holze, was soll am grünen werden...!"

„Nein, nein! Auch in diesem Augenblick hielt ich noch an mich. Unter Aufbietung all meiner Reserven, konzentrierte ich mich auf mein Spiel. Und da geschah etwas, das diesem schwarzen Tag vielleicht doch noch ein Glanzlicht aufsetzen konnte. Mein dritter Schlag beförderte den Ball hoch übers Wäldchen und alle erdenkbaren Gefahren aufs Grün ganz nahe an den Flaggenstock. Ich hatte eine kaum noch zu nehmende Chance auf ein Birdie..."

„Ein Vögelchen", übersetzte abermals der Staatsanwalt.

„In der Sprache der Golfer sind die Großtaten nach der Hierarchie der Vogelwelt geordnet. Eins unter Par ist das besagte Birdie, zwei darunter ein Eagle, und in ganz seltenen Fällen könnte der Adler noch durch den Albatros übertroffen werden: drei unter Norm. Für einen Golfer meiner Klasse aber ist ein Birdie schon sehr viel, zumal an diesem vertrackten ersten Loch, an dem so viele schon früh auf der Runde einen Dämpfer zu bekommen pflegen. Hochgemut und milde gestimmt half ich der rothaarigen Dame, die ihren Ball in die schauerlichste aller denkbaren Lagen geschlagen hatte: in jene große trichterförmige Mulde, auf deren Grund Morast ist und ein Dschungel von räudigen Teichpflanzen. Ich nahm ein Sandwedge in die Hand und stieg hinab, ohne Hoffnungen, den Ball zu finden, aber der Höflichkeit folgend. Fünf ganze Minuten suchte ich, meine Schuhe und Hosen weichten auf. Endlich krabbelte ich wieder heraus aus dem Trichter, sagte bedauernd, da sei nichts zu machen. Die Dame nahm es nicht sehr sportlich auf: sie wolle auf Strafschlag und alles weitere verzichten. Mir war das egal. Ich wandte mich voller Vorfreude meinem Ball zu… Da war nichts auf dem Grün… 'Wo ist mein Ball?' brüllte ich wie von Sinnen. 'Ich lag zum Birdie!' 'Muss weg sein, wie meiner,' kam die schnippische Antwort. Wie der Blitz durchfuhr es mich: das Weib hatte meinen Ball weggeschlagen. In der Hand hielt ich noch immer das Sandwedge, das ich zum Suchen mitgenommen hatte. Alle meine Sicherungen brannten durch: Ich machte einen Riesensatz auf die Rothaarige zu und holte aus mit der Kraft, die man braucht, um aus einem Topfbunker heraus auf ein Grün zu kommen…"

Der Staatsanwalt bog sich zurück und verbarg sein Gesicht. Der kecke Sonnenstrahl war zurück und erleuchtete den Richter. In der eintretenden Stille waren nur zwei Geräusche zu hören: das Ticken der Uhr und das leise Schnarchen eines alten Mannes, der die Öffentlichkeit vertrat.

Endlich sprach der Richter.

„Und nun erwarten Sie, dass zwölf Geschworene wie ein Mann aufstehen und auf 'nicht schuldig' erkennen, der Freigesprochene durch ein Spalier erhobener Schläger schreitet, während der Richter das jubelnde Volk ermahnt, seiner Begeisterung lieber draußen zu frönen.

Ich danke Ihnen für die für mich denkwürdige Genesis eines Schlages mit einem Gerät, das bisher in meinem Wortschatz fehlte und dort sich wohl auch nicht lange halten wird. Ich wünsche Ihnen, dass Ihr weiterer Lebenweg niemals wieder an eine Biegung führt, an der ein Gericht lauert. Ob dieser Weg allerdings immer unter einem Baldachin von schützend erhobenen Keulen wahrhaftiger Golfer liegen wird, muss bezweifelt werden.

Und nun tue ich etwas, wonach es mich seit Jahren gelüstet: Ich erhebe den Gavel, das Geschenk eines amerikanischen Kollegen, und setze den Schlusspunkt unter eine denkwürdige Episode. Das Gericht ist vertagt!"

DER MANN, DER ZU VIEL WOLLTE

Ohne Ehrgeiz kein Höhenflug. Wie aber,
wenn das Maß für die Dinge verloren geht?

Der Morgen war noch jung und strahlend. Ich spielte auf meinem Heimatplatz eine Runde. Ganz allein. Ich spielte schauderhaft. Denn ich bin mit einem dieser eifernden und moralisierenden Über-Ichs geschlagen, die einem alles verderben können. Die Selbstversicherung: warum solltest du an einem Urlaubstag nicht spielen dürfen, während die anderen langweiligen Alltagsgeschäften nachgehen, nutzte nichts. Erbittert und mich selbst überraschend schlug ich einen gewaltigen Hook. Der Ball verschwand über die Kuppe hinweg auf eine andere, sehr viel spätere Bahn. Seufzend und mit der bösen Vorahnung, er könnte sogar auf der anderen Seite im angrenzenden Wald verschwunden sein, machte ich mich auf die Suche.

Plötzlich ertönte ein Schuss. Etwas schwirrte mir um die Ohren. Ich warf mich zu Boden. Diese gottverdammten Jäger! dachte ich. Die können mit einer saftigen Beschwerde rechnen. Vorsichtig erhob ich mich. Und erstarrte.

Sie werden es mir nicht glauben und die Sache als Golferlatein (falls es so etwas gibt) abtun. Aber ich schwöre Ihnen: es war so. Da stand ein Kerl vor der Kulisse des Waldes und hatte einen Revolver an die Schläfe gesetzt. Der Bursche stand da, lässig neben seinem Golf-Bag, ohne jede erkennbare Anspannung. Er wirkte auf mich wie der Marlboro-Mann, falls der nicht mehr auf Langzeitwirkung, sondern auf das tödlich schnelle Aus setzte. In diesem Augenblick begann eine Amsel mit einer kunstvollen Melodie.

83

„Halt`s Maul!" sagte der Marlboro-Mann unangemessenerweise zu dem gefiederten Mitgeschöpf. Die Amsel zeterte und flog davon. Und nun – ich war nur noch wenige Meter vom Tatort entfernt – krümmte der Mann den Finger am Abzug seiner Waffe und drückte ab.

Es passierte – nichts. Es hatte nur ein eindrucksvolles Klick-Geräusch gegeben. Der Mann setzte die Waffe ab, klappte die Trommel heraus, ließ sie rotieren und wieder einrasten, wie man das so aus seinem Western (und nur da) kennt. Dann hob er den Revolver wieder und richtete ihn in den Himmel.

„Um Gottes Willen!" brüllte ich wie von Sinnen und raste auf den Marlboro-Mann zu. Ein Schuss ging in den klaren Himmel. Ich hechtete in den Bunker, der mir zuvor immer so deplatziert an dieser langen, am Wald entlang führenden Bahn vorgekommmen war. Als ich mich sandspuckend wieder erhob, sah ich das geringschätzige Grinsen des Marlboro-Mannes auf mich gerichtet.

„Ich scheine noch eine Galgenfrist zu haben", sagte er gelassen. „Zwei Kugeln waren es. Mit der ersten erledigte ich den letzten aller Golfbälle, den ich in diesem Leben zu spielen gedachte. Den Rest haben Sie ja gesehen – soweit Sie aufrechten Ganges waren."

„Aber so ein grauenhafter Golfspieler können Sie doch gar nicht sein", würgte ich hervor.

Statt einer Antwort steckte der Mann die Waffe weg und wühlte aus seinem Bag ein Eisen Fünf hervor. Er ließ einen Ball fallen. Mit eindrucksvoller Lässigkeit und einem sagenhaft guten Schwung schlug er den Ball über 160 Meter aufs Grün. Tot an die Flagge vom Mann, der nicht mehr leben wollte.

„Nun verstehe ich gar nichts mehr", klagte ich.

„Ist auch nicht so einfach zu verstehen. Da hinten sehe ich

Leute kommen. Da es nun nichts geworden ist mit letalem Russisch-Roulette und einem kleinen Kreuzchen an dieser Stelle auf Ihrem braven Feld-, Wald- und Wiesenplatz, schlage ich vor, Sie begleiten mich zu einem Bergrestaurant, und ich erzähle Ihnen die Räuberpistole meines verpfuschten Lebens."

Nach diesen nervenaufreibenden Erlebnissen war ich froh, dass der Marlboro-Mann – er hatte sich als Robin C. Hoffstetter vorgestellt – das Autofahren übernahm. Wir schraubten uns in einem Zwölfzylinder-Cherokee-Jeep auf einem garantiert illegalen Waldweg in die Höhe, bis wir ein winziges Berglokal hoch über dem Rhein mit atemberaubender Sicht auf die weite Biegung des Flusses erreicht hatten.

„Habe hier beim Brunch schon manchen Deal perfekt gemacht, vor allem, als das Städtchen da hinten noch wichtiger war", sagte Hoffstetter. Als der bullige Motor erstarb, wurde ich der friedlichen Natur gewahr. Wir saßen noch einen nachdenklichen Augenblick lang. Dann stiegen wir aus. Eine Amsel sang. Ich erwartete schon den „Halt's Maul!"-Reflex des Marlboro-Mannes. Doch der schien eher andächtig zuzuhören.

Robin C. Hoffstetter wurde wie ein an seinen Hof zurückgekehrter Fürst empfangen. Ich merkte: dieser Mann hat gegenüber jedwedem Service-Personal eine selbstverständlich anmutende Autorität, die mir Zeit meines Lebens abging. Zum Auftakt wurden uns zwei bereifte Gläser Champagner gereicht.

„Worauf trinken wir?" fragte ich.

„Auf das Leben!" sagte Hoffstetter mit einer gewissen Leidenschaft.

„Auf das Golfspiel!" entgegnete ich. Und setzte trotzig hinzu: „Auf den Feld-, Wald- und Wiesenplatz, der mir teuer ist!"

„Hat Sie getroffen, nicht wahr? Ich wollte Ihren Platz gar nicht beleidigen. Er lag zufällig meines finsteren und – wenn's anders gelaufen wäre – finalen Weges. Da ich mich in den letzten Monaten ausschließlich auf großen Meisterschaftsplätzen aufgehalten habe, werden Sie mir vielleicht die Anspielung nachsehen, dass der Architekt Ihrer löblichen Einrichtung nicht das geringste Ringen mit einer schwierigen Topographie erahnen lässt. Aber im übrigen haben Sie einen guten Drive für den Start meiner Geschichte hingelegt."

Er schwieg und sammelte seine Gedanken, nicht ohne mit Genuss bei dem in der Tat vortrefflichen Brunch zuzulangen. Auch ich aß mit großem Appetit. Als zum zweiten Mal frisch gebrühter Kaffee auf dem Tisch stand, reichte Hoffstetter mir eine durch den Kanzler zusätzlich berühmt gewordene Zigarre. Wir waren allein geblieben in unserem Berglokal hoch über dem geschäftigen Strom. In den aufsteigenden Rauch der Cohibas hinein setzte mein seltsames Gegenüber an. Ich hatte ihm zuvor ein paar Grunddaten über meine Person gegeben.

„Ich nehme also an, dass Sie ein zeitungslesender Zeitgenosse sind, der versucht, den Zeitläuften zu folgen. Dabei werden Sie einer Grundmanipulation unterworfen, der Sie nicht gewahr werden. Sehen Sie, die Zeitungen pflegen in 'Politik' und 'Wirtschaft/Finanzen' zu untergliedern. Wenn Sie nicht eine Spezialzeitung lesen, ist 'Wirtschaft' immer hinten. So stehen die Hampelmänner von der Politik durch die sie wie Schmeißfliegen umschwärmenden Journalisten im grellen Vordergrundlicht. Dahinter aber, wohin das Licht dieser Wichte nicht reicht, geschehen die eigentlich wichtigen Dinge. Die Lektüre der letzten Parteispenden-Skandale hat Sie zweifellos darin bestärkt, auf Abstand bedacht zu sein und eine genügend zynische Perspektive zu entwickeln."

Ich nickte. Aber mir war nicht wohl bei diesem Ausflug ins Fundamentale. Hoffstetter spürte das.

„Schon gut. Damit will ich Sie nicht langweilen. Ich hätte über solche Dinge in meinem mehr aufs Praktische gerichteten Wesen auch nicht nachgedacht, wenn mich nicht ganz früh in meiner Karriere als Jung-Manager einer der ganz Großen der Wirtschaftswelt – Namen werden Sie von mir nicht hören – herausgespickt hätte. Der Mann gehörte zu der Hand voll von wahren 'Global Players', der ohne jedes Aufsehen Entscheidungen von atemberaubender Wirkung für das Leben von Millionen fällt. Solche Menschen brauchen Offiziere, die sie in die Schlacht schicken, ohne jeden Skrupel verheizen, aber auch bei Erfolg befördern. Der Top-Mann investierte in mich Kurse in weltgewandtem Auftreten, in Wissen um die wahren wirtschaftlichen Zusammenhänge und in Überredungskunst der höchsten Klasse. Er war mein M und ich sein James Bond. Wie Sie wissen, betonte M gegenüber Bond, auf den aller Abenteuerglanz fiel, stets dessen Rolle als Dienstbote. – Übrigens gibt es hier keine Martini-Kultur, weder 'shaken' noch 'stirred'. Lassen Sie uns also zwei Cognac bestellen."

Wir tranken. Ich fand die von Hoffstetter angeschlagene Höhenlage des Gesprächs schwindelerregend und fragte mich, wie dies einmünden sollte in die Erklärung für das Geschehen des frühen Morgens.

„Ich erledigte die Aufgaben, die mein M mir stellte, mit Erfolg. Bald war ich finanziell abgesichert. Mein Leben schien in immer lichtere Höhen zu führen. Allerdings wurde mir meine Dienstboten-Stellung immer schmerzlicher bewusst. Mein M spürte das und verhieß mir als Belohnung einen Vorstandsposten, wenn ich ein letztes Mal einen Job ganz besonderer Art erledigen würde. Sehen Sie, auf dem hohen Niveau, auf dem mein Mentor auf der ökonomischen Weltklaviatur spielte, sind die meisten Dinge für den wahrhaften Kenner so weit berechenbar, wie es ein Schachspiel ist. Gelegentlich aber tritt bei den ganz Großen, deren Finanzkraft weltumspannend ist, das Howard-Hughes-Syndrom auf. Sie ziehen sich zurück und halten doch insgeheim noch alle Fäden in der Hand, ihr Firmen-Imperium funktioniert weiter, wie sie es angestoßen haben. Aber sie haben sich gleichsam vom Schachbrett zurückgezogen und nehmen damit eine irritierend unangreifbare Position ein. Konkret ging es um einen Mann von sagenhaftem Reichtum, der plötzlich erklärt hatte, nunmehr sei er nur noch auf dem Golfplatz anzutreffen. Und wehe dem, der vor dem zehnten Loch auch nur eine Andeutung des Geschäftlichen machte. Er wurde unbarmherzig hinausgeworfen aus dem Golfclub, der selbstverständlich diesem Mann gehörte. Da sein Firmen-Imperium unseren Konzern über die Maßen interessierte, ahnen Sie schon, was gefordert war. Ich, der ich viel zu geschäftig gewesen war, um etwas anderes als den Tennis-Schläger in die Hand zu nehmen, musste Golfspieler werden. Und zwar ein Top-Spieler.

Nach acht Monaten bei den weltbesten Trainern vermittelte mir mein M eine Begegnung mit dem milliardenschweren Aussteiger. Er war kein Super-Spieler. Nur mit größter Mühe gelang es mir, nicht haushoch, sondern mit jenem hauchdünnen Vorsprung zu gewinnen, der nach Revanche schreit. Und bei diesem zweiten Spiel ließ ich ihn gewinnen, machte aber meinen Super-Deal perfekt.“

„Bisher höre ich nur von immer neuen Erfolgen. Irgendwo muss es doch einen Bruch gegeben haben?“ fragte ich.

„Mein M lobte mich. Er wollte wissen, ob ich denn wirklich den Posten im Vorstand haben möchte. Verwundert sagte ich: ’Ja, unbedingt.' 'Nun gut', sagte der Alte (das war er inzwischen geworden). 'Dann soll es so sein. Nehmen Sie vorher einen wohlverdienten Urlaub.' Ich tat das. Im Urlaub heiratete ich ein wunderschönes Mädchen. Eine meiner ersten Taten als Vorstandsmitglied war, dass ich 'office golf' einführte, hübsch verpackt in philosophischen und psychologischen Schnickschnack. Ich manupulierte die Burschen so großartig, dass sie 18 Löcher in den sündhaft teuren Teppich im Vorstandszimmer schnitten und sich die gesamte Putter-Kollektion eines Golf-Proshops kommen ließen. Wir spielten um großes Geld. Ich verlor gegen einen gichtgeplagten alten Knaben, der den Putter auf unmögliche Weise hielt. Das war das erste Anzeichen für das nahende Unheil."

„Das konnte doch wohl keine Schicksalswende sein?"

„Nein, nein. Der Hammer fiel auf andere Weise. Die eigentliche Aufgabe der Vorstandssitzung, in der ich 'office golf' einführte, war die Abwehr einer feindlichen Übernahme. Stattdessen wurden wir geschluckt. Als erstes forschten die neuen Herren danach, wer den Golfvirus eingeschleppt hatte. Sie entließen mich. Meine Abfindung war fürstlich. Ich wollte nach berühmtem Vorbild nur noch Golf spielen. Zu einem eigenen Golfclub reichte es nicht. Aber ich wollte unbedingt zum internationalen Jet Set der Großen des Golfspiels dazu gehören, ohne freilich irgend welche Qualifikationsriten auf mich zu nehmen. Ich merkte kaum, dass mich meine Frau verlassen hatte."

Ich ahnte etwas von dem tiefen Fall dieses Mannes, dessen Welt so ganz jenseits meines Erfahrungshorizonts lag.

„Zuerst versuchte ich es einzeln, indem ich die Großen des Golfsports zum Duell herausforderte. So gewann ich gegen den einzigen Großmeister unseres Landes. Ich schlug ihn mit irritierender Leichtigkeit. Aber der Sieg wurde seltsam schal, als er mit seiner ernsthaften Art sagte, er werde nun heimgehen und zu seinem Gott beten, denn er spüre in sich immer noch die Möglichkeit zu Siegen im Wettkampf mit den wahrhaft großen Golfspielern. Dann wollte ich den Zweikampf mit Europas größtem Talent. Der ließ mich kühl abblitzen. Schließlich spielte ich in Wentworth ein paar Runden mit einem wackeren Burschen aus Edinburgh, der seit zwei Jahrzehnten immer im Mittelfeld des internationalen Golftrosses geblieben war. Er spielte auf einem beständigen Spielniveau, das ich nicht halten konnte. Dieser schlichte Bursche erzählte mir eine seltsam kryptische Geschichte. Er habe einmal einen Deutschen kennen gelernt, der Loch Ness per Schiff mit tausend Hi-Tech-Tricks befahren habe. Er gab sein ganzes Geld dafür aus. Am Ende präsentierte er triumphierend seine Messergebnisse: Keine Spur von Nessie! Der Wirt des Gasthauses aber, bei dem er seine komplizierten Echolot-Papiere auf den Tisch gelegt hatte, stellte oben darauf ein Flasche Malt Whisky und sagte 'Trinken Sie wie ein Schotte und spüren Sie am Ende der Flasche Nessies Unsterblichkeit!'"

„War Ihnen das ein Warnsignal?"

„Nein. Wütend über die Absagen der Großen des Golfsports, an denen mir wahrhaft etwas lag, beschloss ich, selbst ein Super-Turnier auzurichten. Die ganz Großen haben ihre misstrauischen PR-Manager, und die verlangten immense Antrittsgelder. Ich verpfändete mein gesamtes Vermögen. Die Golfspieler kamen und sahnten ab. Ich reiste mit bösen Vorahnungen nach Hause. Gestern hatte ich eine Begegnung mit dem Direktor meiner Bank. Der ist ein unausstehlich fröhlicher Mensch, der mir eröffnete, ich schuldete der Bank etwa die Höhe seines Jahres-Salärs. Sollte es noch größere Forderungen gegen mich geben (– so war es –), sei dies schon in der Monte-Carlo-Klasse: man geht diskret in den

Park und erschießt sich. Und er lachte dröhnend und geistlos. Dennoch brachte er mich auf die Idee einer Wette mit dem Schicksal. Ich lud den Revolver mit zwei Kugeln und suchte mir angemessenerweise einen… tut mir leid… Feld-, Wald- und Wiesenplatz für mein mögliches Ende. Das letzte Kapitel heute morgen haben Sie mit erlebt. Ihre Hechtrolle in den Bunker, als der zweite Schuss in den Himmel ging, werde ich nie vergessen. Sie wird mir oft vor Augen stehen, wenn ich in den nächsten Jahren im Staub liege und meine Schulden abarbeite. Vielleicht kann ich eines Tages wieder eine Runde Golf spielen. Vielleicht mit Ihnen. Wer weiß."

Und ohne weitere Emotionen, mit prächtigem Schwung, warf er den Revolver über die Brüstung in die Tiefe. Ich zahlte die Zeche ohne Murren. Als wir den Jeep bestiegen, stießen ein paar Krähen ihre unheilvollen Laute aus, in völliger Disharmonie zum schönen Tag.

„Halt's Maul?" schlug ich vor.

„Halt's Maul!" knurrte Robin C. Hoffstetter ingrimmig.

MEIN IST DIE RACHE

Am Anfang steht des Golfers ungenauer
Drang nach mehr Weite. Und am Ende?

Es schien ein klarer Fall: Zuerst war der Golfclub da. Dann kam das Haus. Gewiss, der Vorstand hatte schon immer gewusst darum, dass entlang der Bahn 13 so genanntes Bau-Erwartungsland war. Doch wie es so geht: in den vielen Jahren, in denen nichts geschah, wuchs die Zuversicht, die älteren Rechte zu haben gegen einengende Bebauung, Zumal der Platzwart berechnet hatte, dass ein Ausweichen unmöglich wäre, es sei denn, man wolle auf einen „erwachsenen" Platz mit 18 Bahnen über knapp 6000 Meter verzichten.

Der Schock, dass plötzlich doch gebaut wurde, war um so größer, als entlang der Bahn 13 ein Fertighaus entstand, gleichsam über Nacht. In nur drei Tagen des Aufbaus hatte der Präsident des Golfclubs drei Beschwerden der Fertighaus-Firma über Bedrohung ihres Personals durch anfliegende Golfbälle auf dem Tisch. Im Club war man allgemein davon überzeugt, dass dieser Spuk so plötzlich wie gekommen auch verschwinden würde. Denn man habe ja die älteren Rechte. Doch dann warf ein Anwalt das Wort „Schweine-Urteil" in die erhitzte Debatte. Es gab wohl ein Präzedenz-Urteil, erwirkt gegen einen Bauern, der in der Einsamkeit des (einst) platten Landes sein Leben der Aufzucht von Schweinen gewidmet hatte. Er verlor tragisch gegen die Kräfte der Zersiedelung: Anwohner, die um sein Gehöft herum ihre Vorstadt-Villen errichtet hatten, waren seiner geruchsintensiven Tätigkeit abhold und beauftragten einen Advokaten. Und der erfocht vor Gericht, dass die neue Gemeinschaft so viele einschränkende

Auflagen machen durfte, dass der weitere Schweinemastbetrieb unwirtschaftlich wurde. Es war der Lokalzeitung nur eine kleine Notiz wert, dass sich der Bauer an einem trüben Novembertag in der Scheune im Kreise seiner Schweine erhängte…

Die Bühne war gerichtet für ein Drama, in dessen Verlauf bis dahin rechtschaffene Menschen zu furchtbaren Rächern wurden wie einst Michael Kohlhaas.

**

An einem schönen Frühsommer-Nachmittag saß Hugo Reitzstein im Kreise seiner Familie auf der Terrasse seines Hauses im Instant-Landhausstil. Es war eine Szene wie aus einer dieser Nachmittags-Familienserien: erwartungsfrohe Gesichter (intensiv-heiter), Schnitt auf ein Messer, Rückfahrt auf Mutter in Halbtotale, den Kuchen teilend, Kaffeetassen gerichtet, allgemeine Atmosphäre: nett bis zum Abwinken. Vater Hugo hob erwartungsfroh die Tasse von der geblümten Unterlage. Aus der (zum Unglück nicht zu weiten) Entfernung drang gepresst jener Ausdruck, mit der ein deutsches Gemüt kund tut, dass es mit dem Lauf der Dinge hadert. Ein Golfball pfiff heran vom Abschlag 13 und landete mit der Präzision, die für ein Hole-in-one aufzubringen ist, in Hugo Reitzsteins halb zum Munde geführter Tasse.

Es ist erstaunlich, wie eine geringe Menge Kaffee unter solch geschossartiger Einwirkung der Welt ihren Stempel aufdrücken kann. Reitzstein hatte flüchtig den Eindruck, man habe ihn in ein Schwimmbad voll dampfend heißen Kaffees gestoßen. Als er diesen Pool der Länge nach durchmessen hatte, fand er sich zwar zurück auf der Terrasse seines Hauses. Aber innerlich war er nicht mehr da.

Mit furchtbarer Ruhe legte er das letzte Fragment der Tasse, einen zierlich geschweiften Henkel, sorgfältigst auf den Tisch. Ganz langsam hob er seine Brille gegen die Sonne, holte ein Taschentuch heraus und rieb die Gläser klar.

Hugo Reitzstein tauchte unter den Tisch und suchte das Corpus delicti. Endlich fand er es oder vielmehr ihn, einen bräunlich tropfenden und leicht erschöpft wirkenden Golfball. Er murmelte: „Titleist 2, wenig gespielt, 90er Kompression, Aufschrift: 'straight distance', Markierung: drei Kreuze, Kaffeespuren." Er richtete sich auf, leider ein wenig zu früh. Sein Kopf kam in ruckartigen Kontakt mit der massiven Tischplatte. Flüchtig erinnerte sich Hugo an den zeitgeheiligten Witz von dem Narren, der immer gegen die Wand lief, erst jammerte, dann beseligt aussah und sein Treiben erklärte mit den Worten: „Ja, es tut weh – aber diese Pausen!"

Leider wählte Klein-Hugo ausgerechnet diesen unheilschwangeren Augenblick, um sich ungehemmt einem Heiterkeitsausbruch hinzugeben mit den hervorgeprusteten Worten: „Papa sieht so komisch aus!" Die Mutter gab ihm einen Katzenkopf. Klein-Hugo brüllte. Der große Schweiger verließ den Tatort. Die dringliche Bitte seiner Frau, nun endlich einmal etwas zu sagen, hörte er nicht mehr.

Hugo Reitzstein begab sich in sein Arbeitszimmer und riegelte die Tür ab. Er fügte das Corpus delicti in seine rasch wachsende Sammlung ein, die Tatort-Vermerke trug wie: "Purzels Hundehütte – Totalschaden", "Badezimmer-Spiegel – Einschuss-Sprengsel", "Ziegel 23 von 39 lädierten". Er hatte sie in einer Art Setzkasten untergebracht und bereits einem Staatsanwalt vorgeführt.

Was er nicht wissen konnte: der Staatsanwalt hatte Handicap 18. Er hatte ihm mitgeteilt, dass er keinen Anlass für strafrechtliche Ermittlungen gegeben sah.

In den folgenden Tagen blieb Hugo Reitzstein in seinem Kabinett. Seine Frau durfte ihn nur gelgentlich ein Tablett mit Nahrung reichen. Ab und an verließ er das Haus, besonders in den Abendstunden. Seine Frau war aufs Höchste beunruhigt.

***

Im Turnierkalender des Clubs war es stets der Höhepunkt der Saison: der Cup des Präsidenten. So viele meldeten sich an, dass ein Numerus Clausus erforderlich wurde so wie der so genannte "Kanonenstart". An allen 18 Abschlägen des weiträumigen Geländes hatten die Golfer Aufstellung genommen. Genau zur Mittagsstunde wollten sie nun alle zugleich den Wettkampf um die vom Präsidenten gestiftete Trophäe beginnen. Bei einem so weitem Feld war allerdings das Wort „Kanonenstart" nur symbolisch zu nehmen, es hätte schon einer Dicken Bertha bedurft, um die Botschaft des zeitgleichen Turnierbeginns in alle Winkel zu tragen.

Um so erstaunlicher, dass um fünf Minuten vor zwölf eine gewaltige Detonation zu hören war.

„Donnerwetter!" sagte ein Gast in vier Kilometer Entfernung mit einem Blick auf seine Uhr. „Euer Präsident nimmt die Sache mit dem Kanonenstart wörtlich und ist dabei auch noch übereifrig."

In zwei Kilometer Entfernung vom Ort der Explosion blickte

man in den azurblauen Himmel, ob wohl eine Staffel von Vaterlandsverteidigern die Schallmauer durchbrochen hätte. In 800 Meter Distanz vom Usprungsort hatten sich acht Golfer zu Boden geworfen. Nur 400 Meter weiter weg war eine Holzhütte, gedacht zum Schutz vor Blitz und Donner, mit solcher Endgültigkeit in die Luft geflogen, dass nur fingerdicke Stücke in einem anhaltend scheinenden Niederschlag zur Erde zurück kamen.

„Was zum Teufel…" brüllte der Präsident, nachdem er seine Betäubung abgeschüttelt hatte. Da erscholl mit gewaltiger Stimme, vernehmlich über ein Druck-Lautsprechersystem bis in die fernsten Weiten des Platzes, eine Stimme wie die des jüngsten Gerichts.

„Ihr gottverdammten Golfer! Mein ist die Rache. Solltet Ihr es wagen, Euer frevelhaftes Treiben fort zu setzen, werdet Ihr in die Luft gehen wie diese Hütte. Alle 18 Bahnen habe ich präpariert. Wer auch immer einlocht, löst eine Sprengladung aus, die seine weitere nutzlose Existenz vom Antlitz dieser Erde vertilgt. Es steht Euch frei, meine Warnung in den Wind zu schlagen. So könnt Ihr in die Geschichte eingehen als der Golfplatz mit den Massengräbern."

„Reitzstein!" röchelte der Präsident. „Er ist wahnsinnig geworden."

„Das ist doch nur ein alberner Bluff", sagte der Ehrengast eines befreundeten Clubs.

Der Präsident griff sich den Pro, der an diesem Tag als Spielaufseher fungieren sollte, und raste mit ihm auf dem Elektrocart in die Nähe des ersten Grüns.

„Können Sie aus 50 Meter einchippen?"

Der Pro griff sich sein Lieblings-Wedge. Die ersten beiden Versuche waren achtbar, aber nur in der Nähe des Flaggenstocks.

Dann aber rollte der Ball direkt auf das Loch zu.

Die Detonation war zwar nicht so heftig wie bei der Zerstörung der Hütte, aber dennoch beeindruckend. Der Flaggenstock schoss empor in den blauen Himmel und senkte sich nach graziösem Flug in den Teich. Das Zentrum des Grüns war ein Krater. Als letztes kam der größere Teil des Balls vom Himmel herab und landete vor den Füßen des Präsidenten. Er verharrte noch einen Augenblick wie in Trance, schüttelte sich dann wie ein Hund und sprach zu dem in Deckung gegangenen Pro:

„Los! Auf mit Ihnen! Scheuchen Sie alle Leute vom Platz. Sie sollen sofort nach Hause gehen. Wer weiß, ob nicht auch das Clubhaus vermint ist."

Eine Stunde später lag eine gespenstische Ruhe über dem Gelände. Vorsichtig näherte sich ein Trupp von acht Menschen – der gesamte erweiterte Vorstand des Clubs – dem Fertighaus von Hugo Reitzstein. Die Emissäre trugen weiße Handtücher an ihren erhobenen Eisen-Fünf-Schlägern.

Hugo Reitzstein öffnete die Tür seines Hauses und geleitete die Parlamentäre in seinen Salon. Die Stunde fand ihn wohl vorbereitet: der Setzkasten mit den aufgespießten Bällen vergangener Freveltaten beherrschte den Raum. Man nahm vorsichtig Platz.

„Reitzstein!" hob der Präsident an. „Was sollte mich daran hindern, die Ordnungskräfte zu rufen und Sie für ein Dutzend Strafvergehen für Jahre in den Kerker werfen zu lassen? Ich will Ihnen gleich sagen, dass nur die massive Intervention meiner Freunde und Kollegen mich vom Griff nach dem Telefon abgebracht hat. Persönlich bin ich eher für Teeren und Federn als für Verhandlungen."

Reitzstein genoss es, den Besonnenen gegen den Hitzkopf zu spielen.

„Ganz einfach. Nur ich beherrsche das Geheimnis der Entschärfung der nunmehr noch 17 Sprengladungen. Per Kampfmittel-Räumdienst hätten Sie einen Monate langen Prozess vor sich. Seit dem letzten Weltkrieg sind die Methoden, eine Sprengladung vor unbefugter Entschärfung zu schützen, etwas ausgefeilter geworden. Per Internet bin ich Spezialist geworden."

„Was fordern Sie?"

„Völlige Stilllegung der Bahn 13 gegen die Entschärfung aller Sprengladungen, eine weiträumige Isolierung meines Hauses vom Golfplatz. Kein polizeiliches Nachspiel. Und... ach ja... einen Entschuldigungsbrief des Club-Präsidenten für erlittene Qualen."

„Reitzstein!" sagte der Präsident mit zurück gewonnener Würde, aber zusammen gebissenen Zähnen. „Verlassen Sie diesen Raum. Wir verhandeln unter einander."

Eine Stunde später wurde Hugo Reitzstein zurück in seinen Salon gerufen.

***

Auf der Terrasse seines Hauses saß Reitzstein in winterlicher Kühle. Seine Frau und Klein-Hugo hatten ihn verlassen. Der Golfplatz besaß nun etwas Einzigartiges: einen 200 Meter langen Tunnel, in den hinein die Bälle an der Bahn 13 zu schlagen waren. Erst weit unterhalb seines Hauses öffnete sich der Tunnel wieder.

Mit den verbliebenen zwei Fingern seiner rechten Hand – eine fatale Verwechslung der farbigen Drähte am letzten aller zu entschärfenden Löcher – griff er zur Kaffeetasse. Und dann mit besonderer Vorfreude zu dem Brief, den ein Bote gebracht hatte. Und las:

„Reitzstein! Man hat mich als Präsident abgewählt. Der Tunnel hat so viel Geld gekostet, dass ich die Mitglieds-Beiträge erhöhen musste. Nun werde ich für immer als Verfemter in die Club-Annalen eingehen. Der Golfverband will den Tunnel nicht als normalen Bestandteil des Geländes anerkennen. Meine Frau hat mich wegen meiner Unleidlichkeit verlassen."

An dieser Stelle höchsten Triumphgefühls blickte Hugo Reitzstein irritiert auf. Ein Flugzeug, fernab der sein Haus sonst verschonenden Route, musste es sein, das die Luft mit Dröhnen erfüllte. Irritiert blickte er in seine Kaffeetasse, in der die Flüssigkeit in konzentrischen Kreisen zu schwappen begonnen hatte. Reitzstein vertiefte sich wieder in den Brief des Präsidenten:

„Ich habe Haus und Hof verkauft und all mein Geld in den größten aller Bagger investiert. Wie Sie meine Nemesis wurden, werde ich die Ihre."

Hugo Reitzstein sprang auf. Das Dröhnen kam nicht von oben. Es ließ keineswegs nach, sondern verstärkte sich mit grimmiger Endgültigkeit. Eine riesige Erdbewegungsmaschine näherte sich unaufhaltsam seinem Haus...

DER WUNDER-PUTT DES ALTEN SCHWEDEN

*Mussten sie denn zwei Spiele auf einmal
erfinden? Erst so weit und dann so genau…*

Wir vier hatten den westlichsten aller Plätze an der Algarve in
Portugal gespielt. Die Sonne setzte zum langsamen Sink-
flug an und goss ein unwirklich rosiges Licht über das vertrackte
Tal, in dem wir unser golferisches Waterloo erlitten hatten. Wir
blickten zurück im Zorn und überboten einander in den Beträ-
gen, wie viel man uns dazu geben müsste, hier noch einmal zu
spielen. Ingolf setzte noch eines darauf.

„Ich denke nicht daran, im Clubhaus dieser verteufelten Anlage Geld auszugeben. Auch wenn ich Hunger habe und durstig
bin."

Wir wussten, was Ingolf da an Opferbereitschaft aufbrachte,
verkörperte er doch, durchaus anschaulich, die Doppelrolle eines
Gourmets und Gourmands.

Automatisch gingen die Blicke zum Strategen unserer Reise,
den um Rat nie verlegenen Robert. Wahrscheinlich war er ein
Urahn von jenem Harris aus „Drei Mann in einem Boot", von
dem es hieß, wenn man ihm im Paradies begegnen sollte, würde
er einen unverzüglich abschleppen, weil er einen Winkel wisse,
wo man den feinsten Nektar schlürfen könnte. Robert kramte in
seinem Bag. Ernst intervenierte:

„Bitte verschone uns jetzt mit einem Spezialtip für einen Ster-
nekoch in irgend einem vertrackten Winkel der Algarve mit aberwitziger Anfahrt."

Aber Robert holte nicht seinen Reiseführer heraus, sondern
entfaltete einen Brief. Nun las er im verlöschenden Licht des

Tages. Er musste seine Stimme leicht erheben, weil plötzlich tausende von Vögeln in den Bäumen ihre Schlafplätze auf zu suchen begannen und einander erregt die Abenteuer ihres Tages zu erzählen schienen.

„Lieber Robert! Ich weiß genau, wie Ihr Euch fühlt, nach einer Runde in diesem Tal der Tränen. Bitte vertraut mir und nehmt noch eine kleine Entbehrung auf Euch, die am Ende reich belohnt wird. Fahrt in die Sierra und folgt der beiliegenden Skizze zu Ronström, dem alten Schweden, dem in den Bergen gestrandeten Seemann, Menschenfreund und Gastwirt von hohen Graden (außer am Montag)."

Es war Dienstag. Wir befragten Robert eindringlich, ob sein Freund verlässlich sei. Robert schwor auf seinen Rat und seine Kennerschaft. Wir stapften mit schweren Schritten den Berg hinauf zu unserem Auto und verstauten die Bags mit ungewohnter Lieblosigkeit.

„Harald!" befahl mir Ingolf. „Du machst den Piloten. Robert fährt. Ernst: Wenn Du beunruhigende Geräusche neben Dir hörst: das ist nicht der Motor, das ist nur mein Magen. In Gottes Namen! Auf geht`s!"

Es ist erstaunlich, mit welcher Plötzlichkeit die Dunkelheit in den Bergen herabfällt. Wir folgten einer klitzekleinen Straße. Die Scheinwerfer huschten bei den vielen Kurven über schroffe Abgründe, die einen hypnotischen Sog auf Robert am Steuer ausübten. Wir entluden eine leichte Nervosität in scharfen Ermahnungen. Robert beklagte sich über das eingeschaltete Innenlicht. Aber ich musste etwas sehen.

„Jetzt muss gleich die Stelle kommen mit dem Kreuz, wo wir in einen Feldweg abbiegen müssen", sagte ich ohne großes Vertrauen in meine eigenen Kartenlese-Künste. Ich will das nicht weiter ausmalen, wie wir natürlich doch zügig daran vorbei schossen, abenteuerlich abgrundbedroht wendeten und dann am Ende eines Weges, den Ernst schon den der Nimmerwiederkehr getauft hatte, etwas Unwirkliches ausmachten: den Suchstrahl eines Leuchttums, der über die Pinien und Felszinnen huschte.

„Genau so hat es mein Freund beschrieben!" sagte Robert andächtig. Als der Motor erstarb, wurden wir der tiefen Stille gewahr, der mit tausend Kräutern gewürzten Luft, als wir ausgestiegen waren. Ernst verwies uns auf den prächtigen Sternenhimmel und begann, uns Formationen zu zeigen. Aber Ingolf wandte sich zielstrebig dem... Hafen zu. In der erstaunlichen Kühle der Nacht hörten wir das Flattern zweier großer Fahnen. Wir machten sie unschwer im wiederkehrenden Licht des Leuchtfeuers aus: es waren die Nationalfarben von Schweden und Portugal.

Als wir die Tür – es war mehr ein Portal – aufgestoßen hatten, lag vor uns ein großer Raum, dessen Stirnseite ein gewaltiger Kamin einnahm. Darin loderten ganze Baumstämme (wie wir später erfuhren: Eukalyptusholz) in wunderbar gleichmäßiger Flammenpracht. Als käme er aus dem Feuer, erschien ein breitschultriger Mann. Er kam näher mit wiegenden Gang.

„Sind Sie Ronström der al... ich meine: der Schwede?" fragte Robert.

In einem seltsamen Englisch, das auf den sieben Meeren zu Hause sein musste, aber mit dem unverkennbaren Singsang der Skandinavier, hieß uns Ronström willkommen „in seiner kleinen Hütte." Ronström war auf alterslose Art alt, das Leben hatte unverkennbar Kerben in sein Gesicht geschnitten, aber gute Bildhauer-Arbeit geleistet. Dieser Mann hatte um sich die Aura von Abenteuer, Erfahrung und Altersweisheit. Als Robert erwähnte, auf welche Empfehlung hin wir kämen, leuchteten seine intensiv blauen Augen unter dem Weißschopf auf.

„Aha. Also Golfer. Und habt den Platz da unten gespielt. War es schlimm?"

„Sehr schlimm!" kam es wie aus einem Munde.

„Ich habe da etwas für Eure Bäuche und Seelen. Aber zuerst müssen wir etwas klären. Diesen Hafen könnt Ihr heute Nacht nicht mehr verlassen. Da oben sind ein paar bequeme Kojen. Der da" – er wies auf Ingolfs prominenten Bug – „müsste einmal zur Probe ins Oberdeck steigen. Geht leider nur über eine Schiffsleiter."

Ingolf überlegte, ob er beleidigt reagieren sollte. Aber die Aussicht auf Essen verlieh ihm Flügel oder zumindest solche Auftriebskräfte, dass er die Probe auf beängstigend ächzender Leiter bestand. Wir klatschten Beifall.

Ronström geleitete uns feierlich zu einem Tisch, über dem ein riesiges Steuerrad statt eines Kronleuchters war. Das Mahl war hervorragend. Vom Aperitif, einem erlesenen alten weißen Portwein, über die Krustentiere zu einem Arrangement von Edelfischen, zubereitet in der kupfernen Cataplana, bis hin zu direkt auf die Hüften zu legenden Nachspeisen wie „barrigas da feira", Engelsbäckchen. So jedenfall buchstabierte es uns die Dame des Hauses, eine Portugiesin, die – vielleicht ein Jahrzehnt jünger als ihr Mann – noch Züge jener Schönheit aufwies, die sie einmal war. Zu jedem Gang verschwanden ein vollends wieder versöhnter Ingolf und Ronstöm in den Verliesen des Hauses und kehrten mit Wein zurück, wie er vollmundiger nicht vorstellbar war.

Wir schwelgten. In unsere Seelen war jener Frieden eingezogen, der uns verheißen war. Wie selbstverständlich nahm Ronström am Ende Platz in unserer Mitte. Wir waren bereit für die

Saga des alten Schweden. Seine Frau hatte sich zurückgezogen.

„Ja also. Nun wollt Ihr wissen, wie ein alter Seemann aus Schweden seinen letzten Hafen in den Bergen der Algarve finden konnte. An klaren Tagen – und hier gibt es sie fast das ganze Jahr über – kann ich in der Ferne das Meer schimmern sehen. Wenn ich es so recht überlege, habe ich zur See auch nicht viel mehr vom Meer gesehen. Vielleicht noch als Smutje, als ich vor tausend Jahren anfing. Später schwang ich das Zepter über 24 Köche auf einem gigantischen Kreuzfahrer. Am ehesten merkte ich noch den Unterschied der Kontinente an den Gerüchen in den Häfen, wenn ich den Einkauf – das Herzstück jeder Küche – überwachte. Nach vielen, viel zu langen Jahren heuerte ich ab in der Karibik und eröffnete dort in der ewigen Sonne eine Strandbar. In einem hünenhaften Eingeborenen fand ich einen begnadeten Barmann. Jim war einer dieser seltenen Menschen für ein Gespür für Stimmungen, weit jenseits jeder Sprache. In zwei Monaten erwarb sich meine Bar den Ruf eines Insider-Tips. Die Reichen und die Schönen dieser Welt kamen mit ihren unglaublichen Yachten zu meinem rasch legendär werdenden Barmann. Nach einem weiteren Monat beging ich, geschlagen mit meiner europäischen Mentalität, einen gewaltigen Fehler: ich zahlte Jim den Lohn aus. Anderen Tags war er verschwunden. Ich konnte noch nicht wissen, dass damit der Wendepunkt meines Lebens verbunden sein sollte. – Ingolf, lassen Sie uns die letzten Flaschen selektieren, auch wenn ich Ihren Adlerblick für die seltensten Kostbarkeiten meines Kellers bereits zu fürchten begonnen habe.“

Die gewaltigen Scheite im Kamin brannten nun nicht mehr lichterloh. Sie waren bis ins Mark durchglüht und tauchten den Raum in ein verwunschenes Licht. Wie bei der Hochzeit zu Kanaa waren die letzten Flaschen das krönende Finale. Ronström verneigte sich vor Ingolfs Kennerschaft und fuhr fort.

„Zehn Tage litt ich wie ein Hund ohne meinen Barmann. Die verwöhnten Bastarde begannen aus zu bleiben. Da endlich erschien Jim mit der heitersten Miene der Welt zu Tür herein.'Bist Du verrückt geworden?' brüllte ich ihn an. 'Wie kannst Du mich allein lassen mitten in all dem Trubel?' Jim blickte mich erstaunt an und sagte: 'Aber Du hast mir doch Geld bezahlt. Die Hälfte gab ich der Missus, ein Viertel meinem Sohn, damit er einen neuen Motor kaufen kann, und mit dem Rest kaufte ich Tabak und Köder und fuhr zum Fischen hinaus. Nun ist das Geld alle.' In diesem Augenblick durchfuhr es mich wie ein Blitz: Wer war hier der Verrückte? Ich, der ich unbedingt Menschen, die ohnehin alles im Überfluss hatten, einen zusätzlichen Kick verschaffen musste? Auf keinen Fall war es Jim, dem die Fähigkeit, das Geschenk des Lebens zu geniessen, in die Wiege gelegt war. Ich verkaufte die Bar an einen Amerikaner, der einen schnellen Dollar damit machen wollte, und ging zu einem Golfpro, der mir Geld schuldete. Ich wollte den Frieden meiner Seele fortan im Golfspiel finden…"

Ich verschluckte mich an meinem Wein.

„Schon gut!" winkte der alte Schwede ab. „Ich weiß. Das war ein Trugschluss. Und doch bescherte mir Golf mein Lebensglück. Als der Pro seine Schulden abgearbeitet hatte, war ich ein passabler Golfer. Mit einer bemerkenswerten Schwäche: ich war ein lausiger Putter. Es war nicht Yips. Wenn sich meine Pranken um den Puttergriff schlossen, senkte sich eine graue Wolke der Hoffnungslosigkeit herab. Dennoch war es ein Putt, der mein Glück machte. Seht Ihr, unter den Golf-Elevinnen da in der Karibik war eine Portugiesin. Sie war so atemberaubend schön, dass ich lange Zeit nicht wagte, das Wort an sie zu richten. Endlich überwand ich mich und bat sie zu einem Matchplay. Sie sah mich lange prüfend an, wenn sie jetzt nein sagt, werde ich wieder zur See fahren, dachte ich und hatte mich schon halb abgewandt. Da sagte sie die schlichten Worte: 'Sehr gern!' Unser Spiel war sehr harmonisch und ausgeglichen, bis wir auf das Grün des 18. Lochs schlugen. Ihr Ball landete fast tot an der Flagge. Meiner aber war auf einem vertrackt welligen Grün mit mehreren Ebenen etwa 15 Meter vom Loch entfernt. Ich weiß nicht, woher ich die Verwegenheit aufbrachte, sie zu fragen, ob sie mich heiraten werde, wenn ich meinen Ball einlochen würde. Sie sagte nichts, sondern ergriff den Flaggenstock, um ihn zu bedienen. Ich ging auf die weite Reise zu meinem Ball, nahm eine Peilung, aber nur eine – es schien so hoffnungslos. Ich schloss die Augen ganz fest und puttete… der Schläger fiel mir aus der Hand, ich hielt die Augen fest zu, die Welt war dunkel, öde und leer. Da sagte eine Stimme: 'Jetzt musst Du mich heiraten.' Ein geheimer Lotse meines Lebens musste meinen Ball mit traumwandlerischer Sicherheit ins Loch geleitet haben. Nach vier Wochen heiraten wir. Ich hatte mein Glück gefunden. Und es steigerte sich noch, als sie mir so viel von ihrer Heimat, der Algarve, vorgeschwärmt hatte, dass ich mit ihr in die Alte Welt zurück kehrte. Hier, wo meine Herberge für Gäste, die ich mag, steht, hatte ein Deutscher eine uralte Hütte erworben. Er hatte nur ein einziges Genie: das zum Bauen. Ansonsten aber hatte er für seine Idee, ein Gasthaus zu errichten, ein denkbar schlechtes Handicap: er konnte Menschen nicht leiden. Kurz vor seinem Bankrott kam ich daher und kaufte mein Paradies für einen lachhaft niedrigen Preis.“

Wie um einen Schlusspunkt zu setzen, loderte das Feuer noch einmal auf. Auch unseren vereinten Anstrengungen gelang es nicht, Ingolf die Schiffstreppe hinauf zu hieven. Wir machten ihm ein Lager aus Decken am Kamin und trollten uns in unsere Betten.

Am anderen Tag hatte die Sonne den Zenith schon überschritten, als wir aus den Federn (oder Decken) fanden. Wir nahmen auf der Terrasse unter einer gewaltigen Kastanie ein sündhaft spätes Frühstück ein. Ganz weit in der Ferne sahen wir etwas schim-mern: Da musste das Meer sein. Bedient wurden wir von einem betörend hübschen Mädchen, so unverkennbar, dass wir ohne Zögern fragten, wo ihr Vater sei.

„Der ist in den Hafen von Portimão gefahren, um einzukaufen. Das ist nun einmal ein Teil seines Lebens. Er hat Ihnen einen Brief hinterlassen, den der dicke… ich meine: der etwas stärker gebaute Herr öffnen soll."

Ingolf griff sich nervös an die nicht vorhandene Krawatte und schluckte ein wenig. Das Mädchen verabschiedte sich. Ingolf öffnete den Brief und las vor.

„Ich habe den schlechteren Teil meines Lebens damit verbracht, unter den Launen von Menschen zu leiden, die glaubten, sich für ihr Geld alles zu erlauben. Menschen, die so wie Ihr und namentlich Sie, Ingolf, zu genießen wissen, von denen nehme ich kein Geld. Wenn Ihr gute Freunde habt, wirklich gute, so verratet Ihnen mein Haus. Das ist mir genug Gegenleistung. –

Unterzeichnet: Ronström der Schwede."

Uns war fast beklommen zu Mute ob solcher Großzügigkeit. Unsere Verlegenheit steigerte sich noch, als die Dame des Hauses an unseren Tisch trat, um uns zu verabschieden. In jener wunderbaren Variante des Englischen, in der skandinavische Modulation mit portugiesischer Zunge kämpfte, fragte sie uns:

„Hat Ronström die Geschichte von dem Wunderputt erzählt, der aus uns ein Paar gemacht hat?"

Wir nickten. Ernst, unser Mystiker, sagte:

„Es beweist, dass der Geist unter bestimmten Umständen über die Materie trumphieren kann."

Sie blickte uns aus unergründlichen grünen Augen an.

„Es war schon genug Wunder, dass wir uns trafen, da in der Karibik. Noch mehr, dass Ronström mich endlich fragte, ob ich mit ihm Golf spielen möchte. Und ob ich wollte. Versprecht mir, es niemals zu verraten: als das dritte Wunder fehl zu schlagen drohte, habe ich Schicksal gespielt. Ich habe seinen Ball, der vorbei zu laufen drohte, ins Loch gelenkt. Und dann sagte ich: 'Jetzt musst Du mich heiraten!' Es war meine Liebeserklärung."

Als wir vom Berg herab fuhren über die kurvenreiche Straße, die uns noch nachträglich schaudern machte, wie wir sie nächtlich meistern konnten, kamen wir an dem Golfplatz vorbei, an dem die Sache ihren Ausgang nahm. Ernst fragte plötzlich:

„Wollen wir es hier nicht doch noch einmal versuchen? Wer weiß, vielleicht sind wir wie durch ein Wunder plötzlich doch in der Lage, das schräge Ding zu meistern."

Es blieb Ingolf vorbehalten, das Wort auszusprechen:

„Es gibt keine Wunder!"

Robert hielt dagegen.

„Und wer hat Euch den Weg zu den Wundern des Alten Schweden gezeigt?"

Wir packten die Golfbags aus.

VIERER MIT AUSWAHL

Golf oder die Einsamkeit des Spielers.
Geht das auch anders?

Eva Brunnwald spielte ein schnörkelloses Golf. Sie war doppelt so alt wie ihr Handicap von zwölf, ein überaus ansehnliches Mädchen, das seine Bewunderer und Neider hatte, zumeist in den Reihen der Damen. Eva hatte es bisher vorgezogen, sich durch die Roughs des Lebens klaglos allein durch zu schlagen.

Unter den Junggesellen des Clubs war Arnold Reddert ein passabler Typ. Sein Einkommen als Rechtsanwalt war auskömmlich. Sein Golfspiel war weder ganz schlecht noch ganz gut, oder doch eher schlechter, weil so überaus abhängig von der Tagesform. Noch bei jeder Clubmeisterschaft war er ein Geheimtip besonders wettfreudiger Menschen, fing sich aber nach verheißungsvollem Start an irgend einem Loch einen katastrophalen Score ein, so dass er alle Hoffnungen fahren lassen musste. Ab und an widerfuhr ihm eine gute Runde. Und so dümpelte er bei Handicap 22 herum und war es im Allgemeinen zufrieden. Auch er verbrachte die Höhen und Tiefen seines Lebens als Single.

Die Herrin der Damen mit dem Titel "Ladies' Captain" war von der hoffnungslos romantischen alten Schule und hätte zu gern Eva und Arnold ins Paradies einer Golferehe geführt, wüsste sie nur, wie man die in die heutigen Singles eingebaute Barriere überwinden könnte. Bei ihren eigenen Kindern hatte bisher nichts verfangen. Das hinderte sie keineswegs daran, Pläne für andere zu schmieden. Dabei fiel dem nichts ahnenden Spielleiter eine Rolle zu.

Für den nächsten Sonntag war ein „Vierer mit Auswahldrive"

angesetzt. Für Ehepartner und Lebensabschnitt-Begleiter zog damit eine harte Bewährungsprobe herauf. Für ein Paar gab es zwar den Bonus, nach dem Abschlag den Ball weiter zu spielen, der günstiger lag. Dann aber wurde dieser gemeinsam weiter zu spielende Ball zum Härtetest für Gemeinschaften mit krisenhaften Zuspitzungen. Denn hilflos musste der oder die Vertraute zuschauen, was der andere für Unfug mit dem gemeinsamen Ergebnis trieb. Es blieb das Geheimnis des Spielleiters, wie er aus diesen Einzeldramen auch noch ein Gesamtsieger-Paar kürte.

Die Ladies' Captain fing das Gespräch mit dem Spielleiter unverfänglich an.

„Hast Du schon überlegt, wie Du den Hauptpreis des Sponsors, eine einwöchige Reise für zwei Personen im Doppelzimmer auf einer Ägäis-Insel, über die Klippen des Amateur-Status steuerst?"

Der Spielleiter grinste.

„Da gibt es den alten Trick, die Sache als Tombolapreis auszuweisen. Wäre doch ein Jammer, dem Sponsor mit ehrpusseligen Spitzfindigkeiten zu kommen."

Die Ladies' Captain nickte und fuhr fort, das Eisen zu schmieden.

„Ich möchte gern, dass Du diesen Arnold Reddert mit Eva Brunnwald zusammenspannst. Sie sollen mit den Schraders spielen."

„'O kupplerisches Weib!'" zitierte der Spielleiter. „Wieso mit den Schraders, die eh immer bei diesen Gelegenheiten die Preise abstauben?"

„Nun, zufällig weiß ich, dass die Eva die Schradersche auf den Tod nicht ausstehen kann. Gerade weil sie immer so ostentativ das Weibchen herauskehrt, das seinen Glanz erst vom Göttergatten bekommt. Alles in Eva bäumt sich auf gegen diesen Typ. Das kanalisiert sie ganz gewiss in einen ganz besonderen Siegesdrang."

„Soweit die Motivation zur Gegnerschaft. Welches Verhältnis aber haben dieses nette Zwölfer-Mädchen und der erratische Arnold-Bursche?"

„Leider keins. Weil Du immer so stur auf der Zusammenstellung gleicher Handicaps bestehst."

„Na, dann sehe ich eine Katastrophe herauf ziehen. Wenn dieser Arnold zum x-ten Mal einen Ball ins Aus drischt, die Schradersche flötet 'was für ein Pech', und Eva allen Edelmut aufraffen muss, um zu sagen 'Das macht doch nichts', dann kannst Du Deine Eheanbahnungspläne vergessen, während die Schraders auf die Insel entschwinden, für die Dein Arnold dann reif ist."

Die Ladies' Captain seufzte.

„Deshalb möchte ich gerne, dass Du mit Arnold ein Wort von Mann zu Mann sprichst. Stell ihm vor Augen, wie schön diese Form des Golfspiels für ein Wir-Gefühl ist, ein Gleichnis dafür, wie man gemeinsam die Dinge meistert. Und das auch noch mit dem hübschesten Mädchen im Club. Sag ihm, was er für ein Glückspilz ist. Er soll seine Leidenschaft, unter allen Umständen immer den riskantesten Schlag zu spielen, zugunsten eines Teamspiels zügeln. Ich meinerseits möchte das nette 'Zwölfer-Mädchen', wie Du Dich auszudrücken beliebst, vor all zu heißblütiger Fixierung auf die Schradersche und ihr Getue warnen."

Das Gespräch mit dem Spielleiter stürzte Arnold in tiefe Verwirrung. Die Unterredung war weitgehend andeutend geblieben und hatte sich stark auf die Frage konzentriert, wie der Amateur-Status und der ausgelobte Preis zu vereinen seien. Zwar war ihm der Spielleiter durchaus eine Respektperson. Doch dunkle

Andeutungen über die moralischen Gefahren eines Doppelzimmers auf einer Mittelmeer-Insel schienen ihm etwas unangebracht, zumal heftig in Abrede gestellt wurde, er habe irgend welche Siegeschancen beim Spiel zusammen mit einer gewissen Eva Brunnwald.

Missmutig stand er auf der Übungswiese und sah seine Bälle auf krummen Bahnen verschwinden. Vielleicht sollte er eine Geschäftsreise vorschützen und sich abmelden? Wie ein Gegenwort gelang ihm in diesem Augenblick ein Abschlag, der fast über die gesamte Driving Range hinausschoss.

„Toll!" sagte eine Mädchenstimme. „Wir spielen am nächsten Sonntag zusammen."

Arnold wirbelte herum, sah in diese Augen – und war verloren.

„Hören Sie", sagte Eva, „wir müssen nicht gewinnen. Ich möchte aber, dass Sie mir versprechen, das wir diesen Schraders, mit denen wir zusammen gespannt werden, einen verdammt guten Kampf bieten. Lassen Sie uns auf eine kleine Übungsrunde gehen, damit wir unsere Schwächen und Stärken ausloten."

Des Sängers Höflichkeit schweigt über diesen Test. Eva war tief nachdenklich geworden. Arnold bot an, beim Turnier fünf Minuten zu spät zu kommen, dann werde er disqualifiziert und sie bleibe das unschuldige Opfer.

„Unterstehen Sie sich! Wir werden diese Schraders niederringen. Ich freue mich… äh… irgendwie trotzdem."

Der Sonntag wurde seinem Namen gerecht. Ein blauer Himmmel wölbte sich über dem Platz. Eva sah hinreißend aus, was Arnolds Gemüt eher beschwerte. Die Schraders krähten im Duett: „Möge das bessere Paar gewinnen!" Arnold sah einem Vogel nach, der sich mit Leichtigkeit entfernte.

Herr Schrader hatte die Ehre des ersten Abschlags. Solide,

nichts Sensationelles. Arnold schickte seinen Ball ins Hoffnungs-
lose. Eva schluckte. Sie schlug einen fantastischen Ball. Arnold
brachte es fertig, auch diesen ins Aus zu schicken. Und so nahm
eine denkwürdige Runde ihren Anfang.

Bis zum Ende der ersten neun Löcher war es Eva, die geduldig
die erratischen Leistungen Arnold ausbügelte, so dass es "gleich
auf" zur Halbzeit hieß. Langsam fand Arnold zu seinem Spiel.
Nun war er es öfters, dessen Ball gemeinsam weiter gespielt
wurde. Leider verbesserten sich auch die Schraders. Doch an der
17 war wiederum Gleichstand.

Der Architekt des Platzes hatte – eher ungewöhnlich – die 18.
Bahn zu einem Par Drei gemacht. Viele meinten, dass ihm am
Ende die Ideen für Schikanen ausgegangen wären. Die Kundigen
wussten, dass der Club noch in einem Prozess um die Erweiterung der Bahn steckte. Jedenfalls war dies ein potentielles „Birdie-
loch", vorausgesetzt, man spielte nicht in das Aus zur Rechten,
wo eine Schonung lag, die bei Strafe des Platzverweises nicht zu
betreten war.

Die Schraders hatten die Ehre. Sie riet ihm in vernehmlichem
Flüster-Bühnenton, er sollte ruhig riskant spielen, sie könnte ja
auf Sicherheit gehen. Arnold blickte Eva in die Augen, las aber
darin keine Botschaft. Herrn Schraders Ball verschwand in der
verbotenen Zone. Arnold machte einen der gewaltigsten Abschläge seiner gesamten Golfer-Karriere und hätte um ein Haar das
Leben eines Menschen ausgelöscht, der weit entfernt auf der
Clubhaus-Terrasse sein Bier trinken wollte und es entsetzt ver-
schüttete, weil der Ball über seinen Scheitel zischte und
geräuschvoll von den Scheiben aufgehalten wurde.

Frau Schrader sagte: „Was für ein schöner Schlag, wenn das ein
Par-Fünf-Loch wäre." Sie sprach an. Konzentrierte sich… Da

erschütterte die Luft ein Explosionslaut, für den die simple Bezeichnung "Hustenanfall" keineswegs ausreichte. Arnold griff sich röchelnd an die Kehle und ächzte „Fl… hrmph… Fliege…" Der Ball der Schaderschen war im Aus.

Das Gezeter der vereinten Müllers über einen grauenhaften Etiketteverstoß ließ Arnold in seltsamer Abwesenheit über sich ergehen. Er beobachtete stattdessen Eva, die ungeachtet des anhaltenden Redeschwalls zu schlagen versuchte. Auch ihr Ball landete im Aus.

Arnolds innere Prozesse waren nun abgeschlossen. Er zog Eva ein Stück beiseite und raunte ihr zu: „Willst Du mit mir auf eine Insel in der Südsee fliegen? Habe mich schon nach dem Preis einer Reise in zwei Einzelzimmern erkundigt. Du musst ja nicht gleich antworten."

Resolut duchnitt Eva alles weitere Gezeter der vereinten Schraders.

„Ich schlage vor, dass Sie sich für eine Platzregel stark machen, nach der Fliegen der Zugang zum Spielgeschehen verboten ist. Jedes Team spielt jetzt seinen dritten Schlag. Und ja: ich will!"

Dies letzte Wort blieb unverständlich für die Schraders. Herr Schrader setzte seinen Ball in ausreichende Nähe des Flaggenstocks. Frau Schrader hatte die grimmige Genugtuung, dass sie ihren Ball mitten aufs Grün pflanzen konnte. Die Siegeschance war in greifbare Nähe gerückt.

Aus ihm selbst unerfindlichen Tiefen holte Arnold die Kraft zu einem Traumschlag. Der Flaggenstock erzitterte, der Ball tropfte herab und lag nun Zentimeter neben dem Loch.

Eva verzichtete auf ihren Schlag: das war nicht zu übertreffen. Alle begaben sich aufs Grün.

„Liebling!" sagte Frau Schrader mit belegter Stimme. „Du wirst doch wohl meinen Ball einlochen? Dann haben wir Gleichstand und besiegen sie am ersten Extraloch."

Herr Schrader setzte sein überlegenes Lächeln auf, das ihn selten verließ. Er nahm sorgfältig Peilung und puttete...

Nun haben Grüns erratische kleine Unebenheiten und Bälle schwarze Seelen sowie einen Hang zur Dramatik. Schraders Ball schien schnurgerade auf das Loch zuzurollen, seine Frau jubelte bereits. Da machte er einen winzigen Haken – und ging vorbei.

Eva lochte lässig zum Sieg ein. Die Schradersche giftete ihren Mann an:

„Du hast es vermasselt, Du jämmerlicher Wicht!"

Als es Zeit war, den Tag beim gemeinsamen Essen zu beschließen, erregte es einiges Aufsehen, dass die sonst stets Händchen haltenden Schraders an getrennten Tischen saßen. Den Gesamtsieg hatte ein Herren-Duo errungen, weil dem Spielleiter die gemischten Paarungen ausgegangen waren. Die beiden Kandidaten für das Doppelzimmer waren Gegenstand einiger rauer Scherze.

Arnold und Eva achteten kaum auf ihre Umgebung. Sie steckten die Köpfe zusammen und schmiedeten Reisepläne. Der Spielleiter griff zu seinem zweiten Cognac. Er hatte zwei getrennte Unterredungen mit den Schraders hinter sich, die an seinen Nerven gezerrt hatten.

Er grübelte über einer Antwort auf eine im schrillen Falsett und im vibrierenden Tenor vorgetragene Beschwerde über einen grimmigen Etikette-Verstoß. Plötzlich entgleisten seine Züge, als er dachte: "Schnaken und Schnurren". Hastig ordnete er sie, als die Schradersche ihn zu einer weiteren Runde ansteuerte.

„Schnell, noch einen Cognac!" befahl er dem Wirt. „Ich steh' das sonst nicht durch."

Im Hintergrund drohend Herr Schrader. Warum, dachte der Spielleiter, habe ich mich in dieses verdammte Amt wählen lassen? Da sah er, wie die Ladies' Captain gerade noch rechtzeitig zum Entsatz aufstand und die beiden Schraders in eine Ecke zerrte. Warum sah die eigentlich so glücklich aus?

DAS DUELL, DAS AUF DEN HUND KAM

Man kann alles ad aburdum führen.
Wieviel Regel-Fuchserei verträgt das Spiel?

Von Anfang an war die Atmosphäre bei diesem Wettstreit um den Matchplay-Sieger des Clubs vergiftet.

Alles hatte fröhlich und unbeschwert am Fuße der Pyramide begonnen. Mann gegen Mann, Frau gegen Frau, alle hatten sich hoffnungsvoll eingetragen. Das Lochspiel mit seiner anderen Strategie und seinen psychologischen Finessen war wie eine Wiederentdeckung. So mancher stieß beim versuchten Begrü-ßungs-Hallo auf Menschen mit abweisend-konzentrierter Miene, erkennbar als ”Mensch-im-Matchplay-Fieber. Nicht ansprech-bar“. Der einzige mit inzwischen leicht allergischen Erscheinun-gen war unser unermüdlicher Wirt. Er musste etwas zu oft hinter seinem Tresen Geschichten mit anhören, wie durch ein unglaub-liches Pech ein schon sicher geglaubter Sieg... usw. usw.

Aber nun war, bei den Herren, die Entscheidung mit schicksal-hafter Unausweichlichkeit auf jene zwei zugelaufen, auf die von Anfang an getippt worden war. Zwei Rechtsanwälte, die – soweit war die Sache unumstritten – ein gutes Golf spielten. Die aber herzlich unbeliebt waren, weil sie die Kunst ihres Gewerbes, lis-tenreich Gesetzeskenntnisse auszunutzen, auf das Golf-Regel-werk übertragen hatten. Fast jedem schon hatten sie einen Tag versaut, wenn sie mit gestelzter Pedanterie unter genauer Nen-nung der Regel mit entsprechendem Unter-Paragraphen einen Verstoß angekreidet hatten. Wobei offen blieb, wer der größere Unsymphat war: Geyer mit seiner salbungsvoll-tragenden Stimme oder Becker, der gelegentlich einen räudigen Hund mit

121

ins Clubhaus zu nehmen pflegte. Er schien das Produkt einer besonders stark begangenen Promenade zu sein. Becker bezeichnete ihn als sehr intelligent und benutzte ihn als widerspruchsfreien Partner für längere Ausführungen über die verbreitete Regel-Unkenntnis in diesem Club.

Der Fall „Becker gegen Geyer" oder „Geyer gegen Becker" (schon diese Reihenfolge war hoch sensibel) näherte sich dem Finale. Beide Rechtsanwälte hatten Handicap zwölf. Beide waren einander nie in offener Feldschlacht begegnet. Nach langem Schriftverkehr, jeweils den Spielleiter anredend, war nun endlich der längste Tag festgelegt.

In diesem Jahr hatte mich das Aus im Matchplay-Wettbewerb früh erwischt. Zwar hatte ich mich nach einem tapferen Kampf erst an einem Extra-Loch per „plötzlichem Tod" geschlagen geben müssen. Jedoch: dieses Kapitel war für mich abgeschlossen. So war ich sehr verwundert, als eine aufgeregt klingende Club-Sekretärin mir eröffnete, ich möchte mich wegen einer dringenden Angelegenheit im Zusammenhang mit der Matchplay-Endausscheidung melden.

Der Spielleiter sah griesgrämig aus.

„Höre, Du musst mich vertreten. Ich habe einen Todesfall in der Familie und kann deshalb nicht Schiedsrichter spielen bei diesem schauderhaften Ereignis."

„Was für einem schauderhaften Ereignis?"

„Na, dieses vermaledeite Endspiel zwischen diesen Ekeln Geyer – Becker. Sie bestehen darauf, dass ein Neutraler Protokoll führt und die Score-Karten gegenzeichnet."

Etliche Zechstunden später, in deren Verlauf der Spielleiter eine seltsame Unsicherheit zeigte, wer aus seinem Clan nun denn ein Trauerfall sei, war ich gekeilt, großzügig mit Regelbüchern

ausgerüstet und mit der Verheißung, dieser Gefallen werde mir nie, aber auch niemals vergessen werden.

Am nächsten Morgen stand ich am Abschlag eins und wünschte, die Feldlerche, die mit einer gewaltigen Jubel-Schallschleppe in den blauen Himmel stieg, verhielte sich etwas dezenter. Die beiden Protagonisten begrüßten mich förmlich und mit Misstrauen.

„Sie fungieren in Vertretung des Spielleiters?" fragte Geyer.

„Hat einen Trauerfall. Halbe Familie ausgerottet."

„Klingt fadenscheinig", sagte Becker.

„Äußerst", pflichtete Geyer bei. Darüber kamen sie sich menschlich näher. Sie verpflichteten mich, die Frage der Ehre am ersten Abschlag per Los zu bestimmen. Der Spielführer hatte mich vorgewarnt.

„Welche Los-Methode möchten die Herren? Ich biete das Tee-, Streichholz-, Spielkarten-, Münzwerf- oder Würfel-Verfahren an. Sie können auch gegeneinander Messer-Papier-Schere-Stein spielen". Bei der Vorstellung, wie diese beiden würdigen Advokaten das alte Kinderspiel gegen einander praktizieren würden, geriet ich beim Versuch, ernsthaft zu bleiben, in die erste Krise dieses noch unschuldigen Morgens.

Geyer meinte, es fehle mir an Seriosität, und Becker sekundierte, es ginge schließlich um die Zeugenschaft bei einem Ereignis von großer Tragweite.

„Gut, gut", sagte ich und sortierte meine entgleisten Gesichtszüge. Ich ließ die beiden Sauertöpfe zwei Tees ziehen, die aus meiner geschlossenen Faust herausragten. Becker zog das und den Kürzeren. Geyer teete auf. Becker hüstelte.

„Ich darf doch sehr bitten, Herr Kollege. Gerade heute sollte Ihnen das Einhalten der Etikette das Pendant zur Inneren Führung bei der Bundeswehr sein."

Die Lerche war verstummt. Die Natur schien ihren Atem anzu-halten, als Geyer zu einem gewaltigen Treibschlag ausholte.

„Toll", erkannte ich an.

„Netter Probeschlag", sagte Becker gönnerhaft. „Wenn Sie nun bitte Ihr Tee den entscheidenden Zentimeter zurücknehmen. Ich hatte deswegen gehüstelt."

Geyer sah mich an wie einen Richter, der „Einspruch abge-lehnt" zu sagen hätte. Becker holte stumm einen Bindfaden her-aus und spannte ihn zwischen die Abschlag-Marken. Und ver-dammt noch mal: Das Geyer-Tee, das noch im Boden steckte, war um einen halben Zentimeter zu weit nach vorn gerückt.

Geyer blickte mich an. Was sollte ich machen?

„Ich fürchte, Sie müssen wiederholen."

Geyers Gesichtsfarbe nahm eine interessante Rot-Färbung an. Er riss mit furchtbarer Gewalt den Bindfaden weg, pflanzte das Tee demonstrativ zehn Zentimeter nach hinten, sprach an, und produzierte – zu meiner peinlichen Beklommenheit – einen Luft-schlag.

Der Ball war auf dem Tee geblieben. Im Reflex beugte sich Geyer hinab, drückte das Tee ein wenig tiefer in den Boden. Dann sein Schlag, hinter dem eine unvorstellbare Wut stecken musste. Er katapultierte den Ball fast bis aufs Grün.

„Schiedsrichter", sagte Becker. „Notieren Sie: Lochverlust für Anwalt Geyer. Regelbereich 18. Nach dem Luftschlag war der Ball im Spiel. Durch Eindrücken des Tees wurde der Ball abwärts bewegt, was einen Strafschlag nach sich zieht. Da der Ball nicht zurückgelegt, sprich: das Tee nicht wieder auf die alte Höhe gezo-gen wurde, ist die Gesamtstrafe Lochverlust."

Geyer stand eine Weile stumm da. Die Lerche jubelte wieder. Dann sagte er überraschend milde:

„Ihre Beweisführung ist stimmig. Das erste Loch ging an Sie."

Ich notierte und fragte die Herren, ob sie vielleicht zur Abwechslung etwas Golf spielen wollten. Es gebe da so eine Art General-Paragraph eins, der schlicht verlange, einen Ball durch einen Schlag oder aufeinander folgende Schläge vom Abschlag ins Loch zu spielen…

„… in Übereinstimmung mit den Regeln", sagten die beiden im Duett, als hätten sie dies lange geübt.

Sie waren nun vereint im Hass gegen mich. Es war diese meine meisterliche Psychologie, die endlich etwas Fluss in das Spiel brachte. Es erwies sich, dass die Spielstärke der beiden Burschen in der Tat auf gleicher Höhe war. Becker hielt seinen Vorsprung von eins auf bis zum vorletzten Loch.

Die 17 ist eigentlich ein einfaches Loch. Jedoch steht an einer Stelle, die der bösartigste Architekt nicht besser hätte erfinden können, seit altersher eine Eiche. Sie hat schon die Sanftmütigsten im Club zu wilden Träumen von nächtlichen Kettensäge-Orgien hingerissen. Um ihr eine Respektzone zu verschaffen, ließ der Greenkeeper eine Rough-Zone darum wachsen, in der Bälle mit einer Endgültigkeit verschwanden, die an Zauberei grenzte.

Geyer hatte die Ehre am 17. Abschlag. Sein Ball passierte die Eiche auf der unschädlichen Seite.

Becker jedoch schlug den Ball auf jene kurze Distanz vor den mächtigen Stamm, die schon so oft zum Verhängnis wurde. Ich hatte für keinen der beiden Anwälte irgendeine Vorliebe. Aber schlicht als Golfer tat mir der Unglücksrabe nun doch etwas leid, als er, im Versuch, um den Baum herum zu spielen, sich selbst traf. Der Ball kam in unspielbarer Lage zur Ruhe.

„19 – 2", frohlockte Geyer. „Lochverlust. Ball durch den Spieler selbst aufgehalten."

„All square", verkündete ich. Hoffentlich entschied sich die Sache nun am letzten Loch.

Die 18 ist die Bahn mit der klarsten Spielstrategie. Immer geradeaus, bis man eine Schneise in einem Wäldchen passiert hat, dann scharf rechts über einen herzförmigen Teich (vermutlich weiblich, wegen ach so trügerisch) aufs Grün. Der Clubmeister, einer dieser jungen Burschen, die schon mit Golf-Genen auf die Welt kommen, pflegte ein sicheres Birdie übers Wäldchen zu spielen, gleichsam auf der Basis des Dreiecks. Der normale Sterbliche wurde für solche Versuche hart bestraft von einem Ergebnis, das rasch zweistellig werden konnte.

Geyer schlug konservativ ab, Mitte Fairway in die Waldschneise. Becker sprach den Ball so an, dass ich einen ähnlichen Schlag vermutete. Plötzlich setzte er wieder ab, pflanzte das Tee noch einmal um. Mit leicht hervorquellenden Augen sah ich, was er versuchte: den Direktschlag aufs Grün.

„Ich spiele einen Titleist Nummer zwei mit aufgemaltem B", kündigte er an.

Der Ball stieg mit hoher Geschwindigkeit sirrend in den Himmel. Schon schien er siegreich alle Baumwipfel passiert zu haben. Da ging ihm die Luft aus. Selbst auf diese Entfernung hörten wir das einprägsame Geräusch, mit dem ein Golfball auf Festkörper in seinem Weg reagiert.

Becker nestelte ein silbernes Pfeifchen aus seiner Tasche und blies hinein. Mit sprachloser Empörung erwarteten wir einen schrillen Pfiff. Doch nichts war zu hören außer einem leisen „Wuff" von daher, wo das Grün zu vermuten war. Geyer glättete die Haare in seinem Nacken, die sich gesträubt hatten, und fragte irritiert:

„Wollen Sie einen provisorischen Ball spielen?"

„Nicht erforderlich", sagte Becker. „Mein Titleist Nummer zwei mit Aufschrift B befindet sich auf dem Grün oder in dessen Nähe."

Ich schüttelte eine leichte Betäubung ab und trat in Funktion als Schiedsrichter. Zunächst verfügte ich, dass beide Herren mich zu dem Punkt zu begleiten hätten, an dem Geyers Ball zur Ruhe gekommen war. Geyer planzte ihn von dort aufs Grün, lag also nun zum Birdie und damit zum Gewinn.

„Nun werden wir gemeinsam den Ball von Herrn Becker im Wald suchen."

„Nicht erforderlich", wiederholte Becker. „Dort liegt er unweit des Flaggenstocks."

Was soll ich sagen? Dort lag er. Am Rande des Grüns hockte ein Hund in einer Pose, als wollte er für eine herausragende Apportier-Leistung gelobt werden.

„Schiedsrichter", schrie Geyer. „Der Ball ist durch nicht zum Spiel Gehöriges alias diese widerliche Töle bewegt worden."

„Wir räumen das ein", sagte Becker zu unserer Verblüffung. „Der Ball muss ohne Strafe zurückgelegt werden. Schiedsrichter, prüfen Sie Speichelspuren, identifizieren Sie den Ball und legen Sie ihn nach billigem Ermessen an den Rand des Wäldchens, wo ihn der unbedachte Hund aufgenommen haben dürfte."

Ich blätterte eine Weile wirr in meinen Regelbüchern. Schließlich musste ich so verfahren: Ich ließ Becker den Ball droppen zwischen den letzten Bäumen. Von dort schlug er ihn mit Leichtigkeit aufs Grün. Er hatte nun die gleiche Chance auf ein Birdie, war aber ein wenig weiter vom Loch entfernt, musste also zuerst putten. Der Ball rollte an den Rand des Lochs, hielt sich aber mit einer übermächtig scheinenden Anstrengung außerhalb.

„Ich zähle bis zehn!"

Was nun kommt, klingt wie Golferlatein. Aber ich schwöre: es war so. Bei fünf schwirrte eine Hummel heran, bei sechs sah sie interessiert aus, bei sieben setzte sie sich auf den Ball, bei acht rollte der Ball durch dieses Stück Unwucht ins Loch, bei neun flog die Hummel von hinnen.

„Zehn", sang Becker aus. „Räumen Sie den Sieg ein?"

„Ich denke nicht daran. Ich loche ein, um zu halbieren und ein Stechen zu erzwingen."

Geyer nahm Peilungen aus allen Kompass-Richtungen, legte sich schließlich flach hin, um aus dieser Perspektive besser die Linie zu lesen, blickte hoch über die Lochkante hinaus – in zwei feuchte Hundeaugen. Genau gegenüber hatte der Köter Position bezogen.

„Schiedsrichter, entfernen Sie diesen widerlichen Hund!"

Das fand ich recht und billig und näherte mich dem Vierbeiner. Der knurrte gefährlich.

„Ich habe nicht die Absicht, mir eine Tollwut zuzuziehen", entschied ich. „Putten Sie, sonst tritt strafbare Spielverzögerung ein."

Geyer setzte an. Der Ball blieb mit großer Präzision auf Linie und wäre mit Gewissheit ins Loch gerollt, hätte ihn nicht im letzten Moment der Hund geschnappt. Sekundenbruchteile später traf ihn ein spikesbewehrter Schuh am Hinterteil und er verschwand aufheulend am Horizont.

Schön, ich gebe zu, das Recht auf einen Rumpelstilzchen-Auftritt hätte Geyer gehabt. Stattdessen versagten meine Nerven. Mit schauerlicher Methodik zerriss ich die Scorekarten und streute sie in den Teich.

„Ohne mich", brüllte ich. „Und wenn Sie alle Richter der Welt auf mich loslassen: Ich habe jetzt die Schnauze voll von diesem schauderhaften Duell. Ich empfehle Ihnen, die Sache auf schwere

Eisen direkt auszutragen."

Die Ersuchen der Rechtsanwälte Geyer und Becker auf außerordentliche Beendigung ihrer Mitgliedschaft im Club trafen postwendend beim Präsidenten ein. Wenig später erreichte mich sein Ersuchen zu einer dringlichen Besprechung, gemeinsam mit dem Spielführer.

Ich teilte der Club-Sekretärin mit, ich sei leider durch einen Trauerfall in der Familie verhindert.

„Ach Gottchen", fragte die mitfühlende Seele. „Wen hat es denn getroffen?"

„Das entscheide ich noch", erwiderte ich. Kühl bis ans Herz.

Sind Greenkeeper eigentlich Spezialisten dafür, wie viel Gras über eine Sache wachsen muss?

DER VIERTE MANN

24 Stunden Golf und die Nacht dazu..
Kann man daran verzweifeln?

Erschöpft lehnte sich der Präsident zurück. Er musterte die drei Gegenüber der Reihe nach mit dem Blick des sezierenden Forschers. Dann sagte er:

„Ich will das einmal zusammen fassen, was wir wie eine Zangengeburt ans Licht des noch jungen Tages gezerrt haben. Sie haben mich, im Nebenberuf Vorstandsvorsitzender, aus einer überaus wichtigen Konferenz meines Unternehmens gerissen, weil Ihnen Ihr vierter Mann abhanden gekommen ist. Nur weil ich Sie als durchaus erdstämmige und solide Mitglieder meines Vereins kenne, als Urgestein, das lange Zeit vor mir schon da war, das krasseste Gegenstück zu jeder Hysterie, bin ich ins Clubhaus geeilt. Weil ich hinter Ihren kargen Worten Sorge und Furcht vor etwas Schicksalhaftem spürte. Ist das richtig gesehen?"

Die drei Männer, jeder geprägt von Jahresringen des Golfspiels, wanden sich in Verlegenheit. Aber sie nickten.

„Ich weiß nicht, was der Wirt an Loch 19 in Ihre Drinks zu schütten pflegt. Jedenfalls kamen Sie gestern angesichts einer lauen Sommernacht auf den Gedanken, nächtlich eine Runde zu spielen. Dazu rissen Sie den Pro aus seinem wohl verdienten Feierabend und kauften ihm seinen Gesamtvorrat von acht Leuchtbällen ab. Diese strahlen – nach Ihrer Aussage – bei ihrer chemischen Aktivierung ein grünlich-geisterhaftes Licht aus, das laut Aufschrift eine volle Golfrunde hindurch andauert. Um Mitternacht nahmen Sie, vier erwachsene Männer, Aufstellung am ersten Abschlag."

Der Präsident war noch nicht einmal zur dramatischen Pointe vorgedrungen. Vom plötzlichen Interesse an einem durchaus nebensächlichen Aspekt gepackt, fragte er:

„Und welches Spiel war vereinbart?"

Der älteste der drei Männer, der wie seine Gefährten zwar auch nur kargen Gebrauch vom Mitteilungsinstrument der Sprache machte, aber bisher noch am meisten zur Aufklärung beigetragen hatte, ergriff das Wort.

„Reines Zählspiel. Wir sind Puristen. Wir halten Stableford für Warmduscher-Golf. Einzige Konzession letzte Nacht war: beim Putten durfte eine Taschenlampe an den Flaggenstock geknüpft werden, um das Loch anzustrahlen. Die zwei Strafpunkte, wenn der Ball beim Einlochen auf den noch gesteckten Flaggenstock trifft, wollten wir nicht gelten lassen."

Der Präsident schürzte die Lippen.

„Verstehe. Wie lief das Spiel?"

Ein zweiter Mann, dessen ausgeprägte Stirnglatze eine gewaltige Beule krönte, warf ein:

„Überraschend gut. Man sollte nur nicht versehentlich durch einen Bunker latschen und dabei auf die Harke treten."

Der dritte Mann, in dessen wettergegerbtes Gesicht der Staub die Furchen nachmodelliert hatte, ergänzte:

„Man kann kaum glauben, wie dunkel es um Mitternacht auf einem Golfplatz sein kann. War wie verwunschen, obwohl wir doch jede Ecke kennen. Habe trotzdem zwei Pars gespielt."

Der Präsident blickte auf seine Uhr und dachte flüchtig daran, wie inständig ihn seine Frau gebeten hatte, das Ehrenamt im Golfclub nicht anzunehmen. Er seufzte und fuhr fort:

„Wir kommen nun zu des Pudels Kern. Irgendwann auf dieser nächtlichen Runde wurden Sie gewahr, dass einer fehlt."

„Nun ja, nicht gleich."

„Wann also?"

„Es war verabredet, wir sollten spielen, bis wir unsere je zwei Leuchtbälle verschossen hätten. Wer keinen Ball mehr hat, sollte hinterher trotten bis zum letzten Loch."

„Und Sie sind gewissermaßen die drei Überlebenden dieses Experiments. Der vierte Mann ist ex und hopp."

Der Mann mit der Beule rieb sich die noch immer anschwellende Stelle und bat gepresst:

„Könnten Sie bitte nicht so… äh… pietätlos über Benjamin reden?"

Der Präsident wischte das unwillig beiseite und wandte sich an den Ältesten im Bunde.

„Berichten Sie genau alle Umstände bis zum Verschwinden des Clubmitglieds Benjamin Sondershausen!"

„Nun ja. Ich glaube mich noch zu erinnern, dass Benjamin ziemlich früh den ersten Ball in einen Teich versenkte und sich darüber auch lautstark in der Stille der Nacht ausließ. Der Mond schien übrigens nicht. Später dann sah ich da, wo ich Benjamin vermutete, eine grüne Leuchtspur in die Tiefe des Wäldchens verschwinden. Ich dachte noch: Er wird ihn schon finden, der Ball leuchtet ja. Aber später, als der Morgen graute, da war's klar: Benjamin war weg. Wir haben sytematisch den Platz abgesucht, alle Bunker, alle tiefen Roughs, das Wäldchen, haben in den Teichen mit unseren Ballangeln gerührt – nichts. Benjamin ist weg."

„Ja zum Donnerwetter: Stand es ihm nicht frei, sich zu ermannen und den nächtlichen Unfug durch Entfernung von der Truppe zu beenden?"

In den Gesichtern der drei Männer stand der Schock. Endlich sagte der Älteste:

„Benjamin ist zwar erst später zu uns gestoßen. Aber er war doch ein richtiger Golfer. In all den Jahren, in denen wir zusammmen spielten, hat er nie geklagt, obwohl er mit einer gewissen Regelmäßigkeit der Verlierer war. Nein, nein. Er hätte nie, wie Sie sagen, die Truppe verlassen. Da muss etwas passiert sein."

Der Präsident beschwor flüchtig die Vorstellung, wie er einem Polizeibeamten den Sachverhalt für dessen Protokoll zu schildern hätte. Er bohrte weiter.

„Haben Sie an Benjamin Sondershausen in letzter Zeit Veränderungen bemerkt? Neigung zur Melancholie? Zu Depressionen? Suizid-Gedanken?"

Der Schock war diesmal noch nachhaltiger. Der Wortführer sagte eindringlich:

„Benjamin war zwar anders als wir. War ein Worte-Verbraucher. Ein Golf-Theoretiker. Kam uns manchmal schräg. Aber er war doch ein Golfer."

Der Mann mit der Beule ergänzte:

„Sein Slice war in letzter Zeit noch ausgepägter. Aber er hielt immer mit."

Der dritte Mann, der größte Schweiger, glaubte ein hilfreiches Detail beisteuern zu können.

„Er war immer ein erratischer Putter. Ich habe ihn 20-Meter-Putts versenken und 20-Zentimeter-Dinger versemmeln sehen. Aber so war er eben."

Dem Präsidenten riss der Geduldsfaden.

„Verflixt noch mal, gibt es denn nicht irgend einen Schlüssel zu seinem Verhalten? Haben Sie sich denn nie über den Tellerrand von Golf hinaus unterhalten?"

Schweigen in ratloser Runde.

„Wieso unterhalten? Wir spielten doch Golf!"

Der Präsident griff zum Taschentuch und betupfte seine Stirn. Dann hatte er einen geradezu kriminalistischen Einfall.

„Hatte Benjamin Sondershausen ein Spind im Umkleideraum?"

Die drei Männer nickten. Beule grinste versonnen.

„Spind Nummer 13. Haben ihn oft gefrozzelt. Aber er sagte, er sei nicht abergläubig."

„Lassen Sie uns einmal nachsehen. Ich hole den General-schlüssel aus dem Sekreteriat."

Es war nicht erforderlich, den General zu benutzen. In Spind Nummer 13 steckte der Schlüssel. Es war völlig leer bis auf ein Kuvert. Der Präsident sah die Aufschrift: "An meine Freunde". Er schloss das Spind ab. Gemeinsam kehrten sie in den Vorstands-raum zurück. Der Präsident räusperte sich feierlich. Er war aufs Höchste gespannt. Auch aus eigener Neugier fragte er:

„Wollen Sie, dass ich diesen Brief laut verlese?"

Der Älteste schluckte.

„Wir bitten darum."

Der Präsident glättete das Schreiben und verlas mit fester Stimme:

„Liebe Freunde! Vielleicht seid Ihr doch ein wenig besorgt, weil ich so plötzlich nach unserer Nachtrunde verschwunden bin. Ich will das einmal annehmen, obwohl darin eine Überschätzung meiner Wichtigkeit für Euch liegen könnte. Aber immerhin war ich sieben Jahre lang Euer vierter Mann.

Wenn Ihr das lest, was ich, schmachvoll früh ausgeschieden aus der Leuchtball-Runde, im kargen Licht des Umkleideraums ver-fasst habe, so bin ich schon weit weg. Auf der Suche nach Abenteu-ern, dem Sinn des Lebens, der Aufregung, dem Glück. Was man eben so vorschützt. Ich sehe sie vor mir, Eure ruhigen Gesichter, wie sich die Brauen fragend heben. Ja, ich gebe es zu: ich bin von der

Fahne gegangen, entferne mich ungebührlich aus unserer Golf-Gemeinschaft. Wahrscheinlich denkt Ihr jetzt: Er war doch noch unreif, hat sich nicht entwickelt, seit er sich damals uns aufdrängte. Ihr habt mich damals, den Typen, der nervte, seufzend aufgenommen. Schließlich bekam ich den begehrten Status: der vierte Mann. Toleriert, wenngleich ich immer das Gefühl hatte, wir waren eine Drei-plus-eins Gruppe, kein Quartett.

Damals, als ich zu Euch stieß, ein ungefestigter Mensch, hatte ich auf der Haben-Seite eine Gewissheit: Golf ist Manna für die Seele. Etwas gegen Lug und Betrug, das Böse unter der Sonne, gegen die Lasten, die wir mit uns herumschleppen. Eines Tages werde ich zurück kehren mit der Bitte: lasst mich wieder sein der Vierte im Bunde! Bei meiner Heimkehr bin ich hoffentlich geläutert und so weit, wie Ihr es schon lange seid. In der heiteren Gewissheit, dass bei Golf der Weg und das Ziel sich zur schönen Einheit verbinden.

Euer Benjamin."

Der Präsident schwieg lange nach diesem unverhofften Höhenflug. Dann blickte er auf in drei ihn unverwandt anstarrende Augenpaare. Er versuchte neuerlich, darin zu lesen, gab es aber auf. Endlich brach der größte Schweiger die Stille:

„Da versetzt uns also dieser Mensch in Unruhe und verschwindet, ohne seine Score-Karte ordnungsgemäß als 'no return' zu kennzeichnen. Man kann keinem Menschen über den Weg trauen, der 20-Meter-Putts einlocht und Zwanzig-Zentimeter-Tap-ins vergeigt."

Der Älteste zeigte unverhohlen Geringschätzung.

„Da irrt dieser Mann in der Weltgeschichte herum statt sein Spiel auf der Driving Range zu verbessern. Unmöglich!"

Der Mann mit der Beule resümierte:

„Sein Slice war in letzter Zeit unerträglich geworden."

Es schien die Sache abzuschließen. Der Präsident beendete die Krisensitzung.

„Damit, meine Herren, dürfte das geheimnisvolle Verschwinden Ihres vierten Mannes zumindest teilweise geklärt sein. Ich hoffe, dass Benjamin Sondershausen aus der Ferne seinen Clubbeitrag überweist. Ich darf mich nun wieder den Niederungen meines Geschäftslebens zuwenden. Vielleicht sollte ich mir ein paar von diesen famosen Leuchtbällen zulegen. Wann kommt man schon tagsüber zum Spielen?"

Der Präsident verabschiedete sich. Der Älteste beschied:

„Abschlag nach einem Imbiss. Wer verliert, zahlt die Kiste Wein für den Präsidenten."

DER REGISSEUR UND DAS MÄDCHEN

Dies ist ein Spiel der Demut.
Wie ergeht es den Hochfahrenden?

Regisseur Edgar Randolf fühlte einen gewaltigen Wutanfall aus den Tiefen seines Ichs aufsteigen. Schön, der berühmte Anruf aus Hollywood hatte ihn nie ereilt. Es war sein Auftrag, für einen Fernsehsender das Drehbuch eines Kriminalfilms umzusetzen. Doch er hatte einen Ruf zu verteidigen, und er wollte verdammt sein, wenn er nicht eine glänzende Facharbeit abliefern würde. Davor aber stand, dass die Takes 578 – 936 und 1073 – 1102 auf einem Golfplatz zu drehen waren. Und nun hatte es eine Absage nach der anderen von allen Plätzen der Umgebung gehagelt. Den Produzenten konnte der Regisseur nicht zusammen stauchen, der war nicht da.

Es war ein eigentümlicher Defekt seines Charakters, dass er in solchen Fällen immer jemand brauchte, den er in der Luft zerfetzen konnte. Das Unglück, in den Bannstrahl seiner flammenden Blicke zu geraten, hatte eine dritte Produktionsassistentin. Das Mädchen, an sich selbstbewusst und keck, war gerade dabei, alle Illusionen über das Filmwesen zu verlieren.

„He Sie da!" brüllte der Regisseur.

Das Mädchen schaute sich um. Es hatte schon so viel mitbekommen, dass es hierarchisch unmöglich schien, ein Regisseur könne mit einer 3. Produktionsassistentin direkt sprechen.

„Ja, Sie da! Schiele ich etwa? Wie heißen Sie?"

Das Mädchen schluckte.

„Gabriella Kronert."

„Gabriella? Wohl Künstlername?"

„Nein, Dreingabe meiner Eltern zum Leben."

„Sie sind blond."

Gabriella erwiderte todesmutig, sie habe schon alle Blondinenwitze gehört. Der Regiseur schnaubte.

„Sie unterbrechen jetzt kurzfristig Ihr nutzloses Herumlungern und hängen sich ans Telefon. Sie rufen alle Golfplätze der Umgebung an und berichten mir binnen zwei Stunden, warum es uns nicht gelingen will, einen Drehort zu bekommen. Los, die Uhr läuft!"

Die Sekretärin, eine mütterliche Person, beschloss, dem Mädchen müsse geholfen werden. Die Sekretärin war eine Leihgabe des auftraggebenden Fernsehsenders, fest angestellt und deshalb auf für den Regisseur irritierende Weise unangreifbar. Sie gab Gabriella eine Liste der anzurufenden Golfanlagen.

Zwei Stunden später erschien Gabriella zum Rapport. Aus der Nähe sah der Regisseur noch gefährlicher aus, insbesondere, als er sagte „Ich bin ganz Ohr." Gabriella fand das angesichts der Größe dieser Lauscheinrichtungen durchaus wahr. Sie begann mit nervöser Stimme:

„Die Klagen der Verantwortlichen, die schon einmal Gastgeber für Filmcrews waren, sind vielstimmig. Sie gliedern sich in drei Bereiche. Bereich eins: Benehmen. Zahllose Menschen trampeln mit ihren Straßenschuhen auf den geheiligten Grüns herum, knicken Büsche und junge Bäume, rammen scharfkantige Geräte wie Kamera-Stative und Sitze für Regisseure in den Boden. Nach der 17. Wiederholung einer Szene, bei der ein ketchup-übersäter Komparse immer wieder neu arrangiert wurde und der Kommissar den Satz zu sprechen hatte: 'Der Täter muss ein besonders brutaler linkshändiger Golfer gewesen sein' brach die Nacht an und der Spielbetrieb wurde einen weiteren Tag lang schwer beeinträchtigt. Lärmphasen wechselten ab mit herrischem 'Ruhe!'-Gebrüll.“

„So muss es sein!“ warf der Regisseur ein. Gabriella fuhr fort:

„Zweiter Bereich: Leiden am Produkt. Schauspieler halten Schläger wie Vorschlaghämmer. Schnittfehler hinterlassen den Eindruck, dass ein soeben abgeschlagener Ball direkt ins Loch rollt, ohne dass diese Großtat, ein As, erkennbare Reaktionen hervorruft. Das Wort 'Putter' wird einen ganzen Film über ausgesprochen, als reime es sich auf 'Futter' statt korrekt auf 'Natter'. Der Putter in Nahaufnahme stellt sich dann als sogenannter Chipper heraus. Von Kundigen darauf aufmerksam gemacht, sagte der Requisiteur, das sei ihm gleichgültig, das Blut und die Haare hafteten besser an schrägeren Flächen.“

„Noch was?“ knurrte der Regisseur.

„Die wichtigste Klage scheint die Abteilung 'Golfer als Abziehbilder' zu betreffen. Dialogfetzen von unsäglicher Banalität wie 'Habe heute mein drittes Brilliant-Armband auf dem Platz verloren' wechseln mit Einstellungen, in denen Clubmitglieder wie Zombies herumhängen und solche Sätze sagen wie 'Der Plebs wird immer aufdringlicher. Neulich wollte ein Metzger Mitglied werden. Ein Fall von Rinderwahnsinn.' Golfer hingegen halten sich für normale Sportfreunde mit dem eingeräumten Handicap, dass die Anlagen sehr kostenintensiv sind.“

Der Regisseur musterte das Mädchen übellaunig.

„Haben Sie überall versichert, dass wir hier ganz anders sind?“

„Das war nicht mein Auftrag. Und außerdem glaube ich das nicht.“

Edgar Randolf holte zu dem Satz aus, auf den er sich die ganze Zeit gefreut hatte und dessen rechtliche Grundlage ihm völlig gleichgültig war:

„Dann sind Sie hiermit gefeuert!"

Die mütterliche Sekretärin fing die Reste einer zerschmetterten Gabriella auf.

„Kind! Jetzt kann ich nur noch eines für Dich tun: Ich setze Deinen Namen als zentrale Anlaufstelle für Kontakte der Filmindustrie zur Golfszenerie ein. Mach etwas daraus!"

Gabriella machte etwas daraus. In erstaunlich kurzer Zeit wurde sie zur begehrten Agentin für Anforderungen wie "Nächtliche Beischlafszene auf einem Grün", "Terrasse mit exzentrisch reichen Menschen mit Ausblick auf Golflandschaft" oder "Jung-Millionär begeht nach Verlusten am Neuen Markt Selbstmord an Loch 13." In der hektischen Anfangsphase ihrer Agenten-Tätigkeit bereute sie nur, dass sie mit einem System der verbrannten Erde arbeiten musste: Golfclubs, die sie mit Engelszungen überredet hatte, pflegten sie um den Vermerk zu bitten: nie wieder. Zum Glück hielt der Golf-Boom an, so dass sie vorerst keine Sorge um den Nachschub hatte. Und bei den älteren Clubs kamen andere an die Schalthebel, die viel von Werbung hielten und noch keine traumatischen Erfahrungen hatten.

Je bekannter Gabriella als Agentin wurde, desto öfter erhielt sie Einladungen zu Golfturnieren. Da war sie vorerst in einem Dilemma. Fleißig nahm sie Golfunterricht, war aber so weise, alle Einladungen auszuschlagen, bis sie sich sicherer fühlte. Schließlich aber fühlte sie sich verpflichtet zur Zusage, als es um den "Cup der Filmschaffenden" ging, einem "Event" von unglaublicher Exklusivität, zu dem man sich die Ehre gab.

Der Tag des Turniers zog strahlend herauf. Gabriella nahm ihr Antritts-Präsent, ein T-Shirt mit dezentem Logo (eine Kamera über zwei gekreuzten Schlägern) wohl gelaunt entgegen. Sie schlenderte zum Anschlag, auf dem sie ihren Matchplay-Gegner erfahren sollte. Und zuckte zusammen. Rieb sich die Augen. Aber da stand es: Ihr Gegner war Regisseur Edgar Randolf.

Sie überlegte. Flucht? Plötzliche Unpässlichkeit? Nein! Sie musste da hindurch. Gabriella warf den Kopf in den Nacken und schritt zum Abschlag.

Dort begegnete sie einem schwitzenden und unbehaglich dreinblickenden Regisseur, der sie nicht erkannte und nicht reagierte, als sie sich mit „Kronert" vorstellte. Stattdessen stieß er hervor:

„Habe keinen Ball auf der Driving Range getroffen. Na ja, wir wissen ja, wie das mit Generalproben ist: sie müssen schiefgehen."

Gabriella sagte nichts. Ein Schuss verkündete den Beginn des Turniers. Der Regisseur schickte seinen Ball auf eine kümmerlich kleine Reise und kommentierte:

„Muss wohl erst noch meine Form finden."

Kühl bis ans Herz sagte Gabriella:

„War technisch gesehen eine sogenannte Lady: Nicht-Erreichen des Damenabschlags. In Schottland müssen danach die Hosen herunter gelassen werden. Abgesehen von der ästhetisch angreifbaren Seite begrüße ich es, dass hierzulande die Strafe nur in der Verpflichtung zu einem Drink besteht. Keine Sorge. Den übernimmt heute der Sponsor."

Sie gingen zum Damenabschlag. Gabriella legte einen meisterlichen Abschlag hin, dessen Weite nicht einmal der dritte Schlag ihres Gegners einstellte. Wenig später konnte sie sagen:

„Eins auf."

Als sie zum zweiten Abschlag gingen, fragte der Regisseur:

„Steht das 'G' auf Ihrer Scorekarte für 'Gabriella'?"

„Stimmt."

„Hatten wir mal ein kleines… äh – Rencontre, in dessen Verlauf ich sagte 'Sie sind gefeuert'?"

„Das dürfte den Kreis derer, die Ihnen begegnet sind, nicht wesentlich einschränken."

In stummer Feindschaft spielten sie weiter, bis Gabriella aussingen konnte:

„Acht auf."

Nach der Acht gab es Erfrischungen an einem Zelt. Der Regisseur stürzte ein Glas Champagner hinunter. Gabriella nippte an einem Wasser und blickte versonnen auf die Eisstücke im Glas.

„Sie genießen diese Rache kalt, nicht wahr? Sie wollen mich mit zehn zu null vom Platze fegen, der vernichtendsten Niederlage, die im Lochspiel vorstellbar ist?"

Gabriella klirrte leise mit den Eisstückchen und hielt den Kopf gesenkt. Der Regisseur holte sich ein zweites Glas Champagner. Sie mussten noch etwas warten.

„Sie können gar nicht wissen, wie lange Ihre Rache schon läuft. Ich, ausgerechnet ich, bin dem Golfspiel verfallen. Als Sie damals diese Negativliste vortrugen, über die Filmfritzen und die Golfer, bin ich neugierig geworden. Dann ist es passiert: der Virus ergriff mich und hat mich seither nicht mehr los gelassen. Dabei bin ich vom Temperament her, wie mir einer dieser Mental-Gurus nach einer Krise sagte, denkbar ungeeignet: alle Regie-Anweisungen sind vorgegeben. Mir mangelt es an Geduld, an Demut. Meine körperlichen Voraussetzungen sind angesichts meiner fortgeschrittenen Jahre ungünstig. Und doch kommt ab und an ein Schlag, der schlicht großartig ist. Und schon bin ich wieder am Haken dieser abgefeimten Verschwörung namens Golf."

Als sie sich am neunten Abschlag einfanden, ermannte sich Edgar Randolf:

„Bevor Sie weiter auf den Resten meines Ichs herum trampeln, erlauben Sie wenigstens eine Flurbereinigung. Ich möchte mich entschuldigen, dass ich damals eine kleine Produktions-Assistentin zum Blitzableiter meiner üblen Laune machte."

„Entschuldigung akzeptiert!" sagte Gabriella. Sie schüttelten sich die Hände. Der Regisseur erreichte zum ersten Mal eine passable Weite. „Ihr Loch!" konzedierte Gabriella wenig später großmütig.

Sie gewann das Spiel mit gnädigen acht auf. Es war der Geamtsieg: der sollte den Cup gewinnen, der mit größtem Ab-stand seinen Gegner bezwang. Nach dem Diner auf der Terrasse des Clubhauses hatte Edgar Randolf die Verpflichtung, die Sieger zu ehren. Er kämpfte eine leichte Tendenz, Silben zu verschleifen, nieder.

„Meine Damen und Herren! Liebe Golfer! Liebe Freunde aus der großen weiten Welt der Illusion! Ich hatte heute das... äh... Vergnügen, gegen eine selbstbewusste junge Dame anzutreten, deren Lebensaufgabe es ist, Golf und Film zueinander zu bringen: sie vermittelt grüne Drehorte. Das Drehbuch hätte also gar nicht besser geschrieben sein können als mit einem solchen happy ending: Gabriella Kronert gewinnt den Cup der Filmschaffenden, eine goldene Kamera über zwei Schlägern, die sich kreuzen, dem Aussehen nach schwer spielbare lange Eisen."

Gabriella nahm den Cup glückstrahlend in Empfang. In den Beifall hinein erhob der Regisseur die Stimme:

„Wenn ich von Drehbuch sprach, so will ich nicht verhehlen, was das Leben, bekanntlich der einfallsreichste Regisseur, mir heute an Erfahrung bescherte. Ich hatte dieser jungen strahlenden Siegerin einmal ein großes Unrecht zugefügt. Sie hatte mir eine Aufstellung all der Dinge überbracht, warum es zwischen Golf und Film gelegentlich vernehmlich knirscht. Ich schlug (selbstverständlich im übertragenen Sinn) die Überbringerin der Botschaft, eine aus antiken Zeiten bekannte betrübliche Neigung von Tyrannen und Despoten..."

„Hört! Hört!" kam es von Kundigen in der Runde.

„Gabriella hat nach diesem Zusammenstoß die Filmseite verlassen und hat ihren Platz im Leben gefunden. Heute nun war ihr Tag der Rache. Es war eine wunderbare Pointe des Lebens, wie wir uns da zur Matchplay-Paarung wieder fanden. Mit der ungestümen Kraft ihrer Jugendlichkeit fegte sie mich alten Sack vom Platz. Gabriella und ich, wir haben uns versöhnt. Trinken wir auf den eigentlichen Regisseur dieses schönen Tages: auf das Golfspiel!"

In den donnernden Applaus hinein knurrte ein alter Schauspieler:

„Endlich hat er seinen Meister gefunden."

ANDREAS UND DER VOGEL

Auf Odins Schultern saßen zwei Raben.
Wie viele braucht ein Golfer?

Andreas Kanterbach hatte seinen Geburtstag im Kreis seiner Freunde ausführlich und feuchtbiotopisch gefeiert. Sich selbst hatte er – weil er da keinem über den Weg traute und der finanzielle Aufwand beträchtlich war – einen Satz Schläger geschenkt. Was heißt hier Schläger? Da war zum einen der ultimative Driver, ein Gerät zum Erzielen unermesslicher Weiten in einem traumhaft engen Zielkorridor. Da war zum anderen ein Holz Drei mit Liquid Metal (schon diese absurde Begrifflichkeit fand Andreas erregend). Und da war ein Holz Sieben mit einer Spezialsohle, des Golfers Antwort auf jede Finesse, die sich auch der arglistigste Platzarchitekt ausmalen konnte.

Am Morgen danach war Andreas nach dem Einwurf zweier Alka-Seltzer-Tabletten (die unangemessen fröhlich im Glas sprudelten), einem sehr leichten Frühstück in Form eines Knäckebrots (abgebrochen wegen Lautstärke) bereit für den Test seiner Errungenschaften auf dem Golfplatz. Er hängte sich ans Telefon, um eine Runde zusammen zu trommeln.

Eine Weile später fühlte sich Andreas besorgt den Puls. Mit mehr oder weniger rüden Worten hatten ihn seine Freunde aufgefordert, mal bitte aus dem Fenster zu schauen und überhaupt den Fortschritt des Jahres gefälligst zur Kenntnis zu nehmen. Abgesehen von unverblümten Erinnerungen daran, dass die meisten Menschen das Schicksal von Hiob hätten, englischer Name "Job".

Schön, es regnete, der Himmel war grau. Was konnte er dafür, dass sein Geburtstag in den November fiel? Den Tag danach hatte er sich bewusst frei genommen. Andreas Kanterbach strich andächtig über seine neuen Schläger und beschloss bockig, sie auszuprobieren, was immer auch die Mitwelt an Widerstand aufbringen sollte.

„Elender Pessimist!" sagte er zu dem Regensensor seines Autos. Das elektronische Gerät reagierte auf die gegen die Scheiben prasselnden Tropfen und schwenkte die Wischer in berechneter Schnelligkeit. Andreas fand das Clubhaus in trostloser Verlassenheit vor. Er verschaffte sich Einlass und zog spikesbewehrte Gummistiefel und den Allwetter-Anzug an. Er entfernte die Preisschilder von seinen neuen Schlägern und fügte sie feierlich ins Bag ein.

Dreimal musste er nachzählen, um auf die höchst zulässige Zahl von 14 Schlägern zu kommen. Die Überzähligen verschloss er im Spind.

Als Andreas das Tolley den abschüssigen Weg zum ersten Abschlag gezogen hatte, fiel ihm ein Schild ins Auge "Zur Schonung der Anlage bitte nur Tragebags benutzen!"

„Quatsch! Nicht mit mir und ohne jede Vorwarnung!" brüllte Andreas. Seine Stimme verhallte im feuchten Gelände zunächst widerspruchsfrei. Dann aber hörte er einen Räusperer von der Sorte, wie er für Missbilligung andeutende Platzwarte gut ist. Schon wollte er die Sache als Projektion seines Über-Ichs abtun. Da entdeckte er zu seiner Rechten auf halber Baumhöhe einen Rabenvogel, der ihn mit einer Mischung aus Misstrauen, Belustigung und Freude über das Ende von Langeweile zu mustern schien. Der Vogel verbeugte sich würdevoll und bemerkte:

„Ark. Rab-Rab."

„Na gut!" sagte Andreas. „Wenn Du die Premiere meiner neuen

Schläger begleiten willst – nichts dagegen. Aber ich appelliere an Deine wahrscheinlich schwarze Seele, den Schnabel zu halten, wenn ich mich konzentriere."

Der Vogel begab sich in eine Position, von der aus er das Ganze besser überblicken konnte und nahm erst mit dem einen, dann mit dem anderen Auge Peilungen. Andreas teete auf und holte den neuen Driver hervor. Flüchtig schoss ihm durch den Kopf, dass vielleicht der eine oder andere Probeschlag auf dem Übungsgelände besser gewesen wäre. Insofern war die ihn umgebende Einsamkeit eher von Vorteil. Einen Augenblick später verstärkte sich dieser Eindruck. Der Ball war scharf nach rechts abgekommen und hatte den Stamm des Baumes getroffen, auf dem der Vogel saß. Der hüpfte vor Schreck ein wenig in die Höhe.

„Ich spendiere mir straflos einen zeiten Abschlag", sagte Andreas zu dem Vogel. Der schüttelte sein Gefieder auf und machte:

„Ark. Garr-Garr."

„Na schön!" schrie Andreas. „Dann eben kein Mulligan. Ich schlage mit Drei ab."

Der Schlag war der ersehnte Traum – bis auf das nicht ganz einsichtige Ende. Denn links begleitete die Bahn eins eine lange Baumreihe. Der Rabenvogel strich ab und flog bis zum letzten Baum der Reihe und nahm Platz auf einem Ast. Der Regen hatte von intensiv auf „Landregen – fein" umgeschaltet. So trottete Andreas guten Mutes seinem Ball hinterher.

Er kam näher unter den Blicken des Vogels, der abwechselnd ihn musterte und dann den Ball beäugte, der mit Präzision direkt am Fuß des Baumes lag in hoffnungslos unspielbarer Lage. Der Vogel krächzte. In Andreas' Ohren hörte es sich an wie das Kichern eines boshaften Greises. Er nahm Aufstellung. Von oben äugte der Vogel herab und sagte mit tiefer Bassstimme:

„Rab-Rab."

„Huckebein! Du bist ja gar kein Rabe, sondern nur eine Rabenkrähe! Wenn Du Dich bewerben würdest im Tower of London, um auf Staatsknete zu hoffen, weil niemand Britannien erobert, solange die Raben dort leben – vergiss es. Der Yeoman Ravemaster würde Dich mit Schimpf und Schande davon jagen."

Huckebein wandte sich beleidigt ab. Andreas nahm einen Strafschlag und näherte passabel an. Und so nahm die Runde in Begleitung seines gefiederten Flight-Partners ihren Fortgang.

Obwohl man meinen könnte, dass ein Golfspieler in Begleitung eines Vogels Vorteile haben sollte, lehnte es dieser aber ab, seine privilegierte Perspektive mit dem terrestrischen Partner zu teilen. So war der Verbrauch an Bällen beängstigend hoch. Als Andreas zu Loch 13 kam, hatte er nur noch einen einzigen.

Von jeher hatte es im Club einen Definitionsstreit gegeben, ob es "Teich" oder "See" heißen sollte, was da als Wasserhindernis zu überspielen war. Insbesondere die Damen beharrten darauf, es müsse "See" heißen. Für heute fand Andreas die Sache entschieden: der Regen hatte das Gewässer zu beträchtlichem Ausmaß anschwellen lassen. Von seinem Abschlag bis zum Beginn des Wassers war auch noch eine Strecke. Dies war der Test für das neue Holz Sieben mit allen seinen verheißenen Wunder-Eigenschaften. Der Ball stieg in den grauen Himmel, leider etwas zu hoch, schien einen Augenblick unschlüssig zu verharren und platschte dann kurz vor Erreichen des rettenden Ufers hinein ins aufspritzende Nass.

Der einsame Golfer sah anklagend zu dem schwarzen Vogel auf, der prekär auf der Spitze eines Busches thronte. Huckebein kommentierte nicht, sondern flog voraus, um sich ein bequemes

Plätzchen zu suchen. Andreas wühlte wirr in seinem Bag. Da hatte er doch die Ballangel vergessen, ein nützliches Gerät, das durch teleskopartiges Ausziehen bis auf drei Meter zum Fischen nach Bällen diente. Wenn sie je wichtig war, so jetzt, wo er keinen einzigen Reserveball mehr hatte.

Andreas umrundete den See in weitem Abstand, denn das gesamte Ufer war morastig. Dann näherte er sich vorsichtig. Mensch und Vogel äugten ins dunkle Gewässer. Da schien es Andreas, als könnte er etwas Weißes am Grunde ausmachen. Er bewaffnete sich ersatzweise mit seinem Eisen Vier…

Andreas stand schon bis zur Oberkante der Stiefel im Wasser, als er beim Stochern einen Widerstand ausmachte. Das Jagdfieber packte ihn. Das Unvermeidliche geschah: er geriet ins Rutschen, warf sich nach hinten, schlitterte auf steilem Abhang in schlammige Tiefe. Das Eisen entglitt ihm, die Stiefel stießen auf keinen Widerstand. Das Wasser füllte ihn von innen, er stand bis zum Hals darin. Er wusste es gleich: es gab kein Zurück. Aus eigener Kraft konnte er sich nicht befreien.

Der Rabe flog herab und setzte sich auf das am Ufer zurück gelassene Bag. Aus Schichten der Erinnerung, von denen er gar nicht wusste, dass er sie hatte, erinnerte sich Andreas an das unheilvolle Gedicht von Edgar Allan Poe. Von dem Raben, dessen ganze Seele sich ergoss in dem einen unheilvollen Wort "Nevermore". Niemals wieder. Die Tränen flossen ihm zusammen mit dem wieder stärker rauschenden Regen über das Gesicht. Er dachte daran, wie sie ihn finden würden, ihn, das Opfer einer Tragikomödie. Noch bei seiner Beerdigung würden ihre Gesichtszüge entgleisen: Das Leben gewagt wegen eines lausigen Balls.

An diesem Tiefpunkt seines Lebens schien der Vogel das Interesse verloren zu haben und strich ab auf bedächtigen Schwingen. Dies schien Andreas ein Verrat von biblischem Ausmaß.

***

Der Greenkeeper hatte sich an diesem scheußlichen Tag, an dem nichts zu tun war, aufs Ohr gelegt. In den Tiefen seines gerechten Schlafs hörte er ein unablässiges Pochen, so hartnäckig, dass er schließlich aufstand und die Tür öffnete. Aber da draußen im Regen stand niemand. Er kratzte sich am Kopf. Wieder kam das Pochen. Vom Fenster her. Er zog den Rollladen hoch.

Da saß diese Rabenkrähe auf dem Sims. Er öffnete das Fenster, um sich den Unfug zu verbitten. Der Vogel machte:

„Quak – Quak. Quak – Quak. Quak – Quak.“

Der Greenkeeper war ein zu nüchterner Mensch, um ernsthaft mit einem Vogel zu reden. Aber sein Beruf hatte ihn die Beobachtung der Natur gelehrt. Der Rabe dort war ihm wohlbekannt. Im Frühsommer hatte das gelehrige Tier diese Laute von den Fröschen am Wasser des Loch 13 gelernt. Als Belohnung für sein kleines Kunststück hatten er und seine Kollegen kleine Leckerbissen wie gefangene Mäuse, besonders fette Regenwürmer und Körner hingeworfen. Jetzt aber war keine Saison für Frösche. War das ein Betteltrick der Erinnerung?

„Quak – Quak!“ wiederholte der Vogel mit großer Eindringlichkeit. Der Greenkeeper warf ihm ein paar Maiskörner hin. Doch der beachtete sie nicht, sondern setzte fort:

„Quak – Quak! Quak – Quak!“

Andreas konnte nicht wissen, an welch unendlich dünnem Faden sein Leben hing. Des Greenkeepers Blicke gingen unschlüssig zwischen Bett und Vogel hin und her. Endlich schnapp-te er sich die Gummikleidung und ging mit dem Allrad-Cart auf eine Inspektionsrunde. Der Vogel flog voraus.

Um ein Haar wäre Andreas dann doch noch ein Fall für die Lokalpresse und in den Club-Annalen geworden. Denn sein Kopf über dem bleigrauen Wasser war in der beginnenden Dämme-rung kaum auszumachen, wäre da nicht der Vogel immer über diese Stelle hin und her geflogen.

Der Greenkeeper war ein stämmiger Kerl. Aber das Herauszie-hen dieses Golfers verlangte ihm die letzten Reserven ab. Er ver-staute die schlammverkrustete Ausgrabung namens Andreas Kanterbach zusammen mit dem Bag auf der Ladefläche seines Wagens und fuhr vors Clubhaus. Dort stellte er den Unglücksra-ben hin und spritzte ihn mit scharfem Wasserstrahl ab. Dann schleppte er den steifen Kerl ins Innere, entkleidete ihn und stell-te ihn unter die heiße Dusche.

Eine halbe Stunde später saß Andreas, gehüllt in alle Decken, deren er habhaft werden konnte, im Umkleideraum und bedau-erte, das ausgerechnet heute die Gastronomie geschlossen war. Wie gerne hätte er auf seine wundersame Rettung angestoßen. Der Greenkeeper konnte sich gar nicht genug tun dabei, immer wieder die Rolle des Raben zu betonen.

Zum ersten Mal an diesem Tag fand Andreas wieder zur Klar-heit des Verstands. Eine beträchtliche Geldsumme verpflichtete den Greenkeeper, für alle Zeiten wie ein Grab zu schweigen über den Vorfall. Der dachte zuerst mit Bedauern daran, was ihm da für eine wunderbare Geschichte durch die Lappen ging. Doch gegen eine Verdoppelung der zuerst vorgeschlagenen Summe war er bereit zu schweigen.

Dann hatte Andreas nur noch dies zu tun:

„Greenkeeper! Was fressen Raben?"

„Na, so Kleintiere, Körner, was sie so finden."

„Ich setze einen weiteren Betrag aus für meinen Lebensretter, auf dass Sie immer ein paar Leckerbissen für ihn bereit halten."

Der Greenkeeper verwies darauf, dass Raben in lebenslanger Einehe zu leben pflegten. Auch dieser Betrag wurde verdoppelt.

Andreas lud seine intensiven Modergeruch ausströmende Kleidung in den Kofferraum seines Autos und fuhr durch den Regen nach Hause. Wenn mich jetzt die Polizei anhält und meinen Ausweis verlangt, bin ich erledigt, dachte er. Doch die Fahrt verlief ereignislos. Im Schutz der Dunkelheit erreichte er den rettenden Hafen seines Hauses. Waidwund kroch er ins Bett.

Nevermore, war sein letzter Gedanke, nevermore...

ES GIBT KEIN SCHLECHTES WETTER…

…nur unangepasste Kleidung.
Besteht der alte Golferspruch den Test?

Die Sonne stach. Es war spät im Jahr, ein schöner Golfertag wie ein letztes Aufbäumen. Er endete mit einem schauderhaften Unwetter, als setze Petrus einen dramatischen Schlusspunkt. Gnädigerweise, als alle schon den rettenden Hafen, das Clubhaus, erreicht hatten. Während der Regen gegen die Scheiben trommelte, wurde die Stimmung an Loch 19 elegisch: O Herr! Der Sommer war sehr groß. Wie weit zu unserer Verfassung der Genuss geistiger Getränke beigetragen hatte, sei dahingestellt. Es lag jedenfalls ein deutlicher Hauch von Panik in der Luft vor der grauen, der golflosen Phase des Jahres.

„Wenn ich so könnte, wie ich wollte“, sagte Hans Dreamert, „würde ich dem Begriff 'global player' einem sehr persönlichen Sinn geben. Seht Euch doch mal die so genannte 'European Tour' der Profigolfer an. Da spielen sie in Australien, Südostasien, in Südafrika, robben sich über die Emirate und Nordafrika langsam wieder an unsere Breiten heran, diese Sonnenschein-Golfer. Leider habe ich einen lästig bodenständigen Beruf und uneinsichtige Vorgesetzte.“

„Diese Fluchten in andere Weltregionen nehmen manchmal auch eine unerwartete Wendung,“ sagte Ingbert Luppenjatz versonnen. „Wollt Ihr hören, wie es mir in Florida erging?“

Wir füllten die Gläser. Blitz und Donner führten einen zweiten Akt ohne großen Wert an Neuigkeit des Geschehens auf.

„Frank Webber war schuld. Der Mann hatte uns immer etwas vorgeschwärmt vom Golfer-Paradies Florida, ganzjährig geöffnet, bis wir an einem dieser schauderhaften Wintertage in den Flieger sprangen. Wir waren zu viert. Konstantin Mauersberger und Gerhard Dürrmagen waren auch dabei. Leider war die Reise gänzlich unvorbereitet. Frank litt an der Illusion, da müsse man gar nichts vorher machen, einfach hinfliegen, Schläger auspacken und auf einem der 2000 Plätze spielen. Das erwies sich als unbegründeter Optimismus. Offensichtlich hatte der Winter ganz Nordamerika fest im Griff. Wer immer konnte, floh nach Florida und erhöhte die Zahl der Snowbirds, der Weißhaarigen, der in Gottes Wartesaal auf Erden Versammelten.

Angekommen in Tampa, telefonierte Frank sich am Flughafen einen Wolf, um uns ein passables Quartier zu verschaffen. Er war schon zu ziemlich schlimmen Kompromissen bereit, als mir in dem Haufen bunter Prospekte etwas auffiel, das verheißungsvoll klang. Da annoncierte sich ein Prachtbau aus uralten Zeiten, der Beschreibung nach zwischen Barock und Renaissance entstanden, umgeben von unberührter Natur und in der Nähe von elf zauberhaften Golfplätzen, einer gieriger nach Spielern als der andere. Beigefügt war eine großräumige Wegskizze.

Wir bestiegen das Mietauto, ein Gefährt von Ausmaßen, die jeden Standard-Parkplatz in der Alten Welt sprengen würden. Es ging los durch endlose Orangenhaine auf pottebenem Gelände. Rote Tupfer von gefallenen Orangen säumten die Straße wie ein endloses Absperrband zu beiden Seiten. Frank fuhr mit so einer Art Segel-Kreuztechnik über den zum Glück recht leeren Highway. Wir fragten ihn, ob die Steuerung defekt sei. Er antwortete gepresst, das Ding sei anfällig wie eine Papierschachtel im Sturm. An den von Maschinen beschnittenen Orangenbüschen konnten wir nichts entdecken. Die eine oder andere Palme, die aus der Ebene heraus ragte, war allerdings arg zerzaust.

Der uralte Prachtbau stellte sich heraus als ein um 1920 errichtetes Hotel im Neo-Südstaaten-Stil, für unsere europäischen Augen stinknormal aussehend. Für Amerikaner trug es den Stempel uralter Zeiten. Auf der weitläufigen Veranda wippten Schaukelstühle ohne Menschen darin heftig auf und ab. Als wir die riesige Eingangstür mit vereinten Kräften aufgestemmt hatten, sahen wir eine große Halle, in der ein Kanonenofen samt rostigen Rohren mit einer chromblitzenden Klimaanlage um den optischen Vorrang kämpfte. Etwa 50 ältere Leute, die je zur Hälfte Bingo spielten, zu anderen gemeinsam an einem riesigen Puzzle bastelten, baten uns schrill, die Tür zu schließen. Wir nahmen die Schlüssel in Empfang und trollten uns, todmüde von dem langen Flug und der Orangenhain-Fahrt, in die Betten. Nicht einmal das infernalische Rattern der Jalousien, die wohl aus der Gründerzeit des Hotels stammten, hielt uns vom Schlaf ab.

Wir erwachten in einer Welt, in der ein Wind, den wir nicht gesät hatten, nun vollends zum Sturm herangewachsen war, obwohl die Sonne schien. Beim Frühstück klagten wir Frank an. Er hatte uns versprochen, dass es um diese Zeit keine Hurricans gäbe.

'So ein Quatsch!' sagte Frank. 'Das ist doch nur ein kleiner Druckausgleich zwischen der Golf-von-Mexiko- und der Atlantik-Seite.'

'Aha!' meinte Gerhard. 'Habe im Reiseführer gelesen, dieses ganze Florida ist nur eine flache Laune der Natur. Ein kleiner Anstieg des Meeresspiegels, und Aus ist es mit dem Sonnenparadies. Heute arbeiten wohl die beiden Meeresseiten daran?'

'Hört auf zu meckern. Die Sonne scheint. Es ist warm. Wollt Ihr nun Golf spielen oder nicht?'

Wir wollten und gingen zu Mark von der Rezeption. Wir

begehrten, auf einem der elf zauberhaften Plätze zu spielen. Mark sagte, was er wohl immer sagt: 'No problem!' und vertiefte sich in den Computer. Wenig später sagte er uns, das sei heute und auf so geringe Vorwarnung etwas schwierig, alle geschützten Plätze seien ausgebucht. Es ginge nur noch in Spring Lakes, etwas weiter draußen, wo es manchmal etwas windig sei. 'No problem', sagte Frank großartig.

Wir fuhren – Ihr ahnt es schon – durch endlose Orangenhaine. Endlich hörten die abrupt auf.

Wie eine Fata Morgana stand in der Landschaft eine Art antiker Triumphbogen mit der Aufschrift: 'Welcome to Spring Lakes. Home of the Greatest Green on Earth'. 'Allmächtiger!' sagte Konstantin. Frank wuchtete den Wagen auf den leeren Parkplatz. Wir kämpften uns im heulenden Sturm durch zum Starterhaus. Darin war ein junger Bursche, eine Kopie von 'no problem-Mark', der überrascht die Füße vom Tisch nahm. Er gratulierte uns zu unserem Sportsgeist und nahm uns die erstaunlich niedrigen Greenfees ab. Dann sprangen die Dollarzeichen in seine Augen, und er wollte uns Großgebinde von Golfbällen verkaufen, 'experienced balls', wie er sagte, gefischt aus den 62 Wasserhindernissen von Spring Lakes. 'Allmächtiger', sagte Konstantin. Aber wir blieben hart und kauften dem Burschen auch nicht solchen Schnickschnack wie Spezialtees ab, die nach seiner Beschreibung wie kleine Klempner-Saugglocken geformt und gerade heute besonders gut wären. Wir forschten in seinem Gesicht nach Spuren von Sarkasmus. Aber er hatte eines dieser offenen amerikanischen Gesichter, die ohne Arg scheinen.

Mit unserer Ausrüstung bemannten wir zwei Carts und überquerten einen kleinen Fluss. Der Holzbau war mit Plastikblenden gestaltet wie die Rialto-Brücke über den Canal Grande. Das Wasser in dem kleinen Fluss trug Schaumkronen. Gerhard brüllte etwas. Er war schon fast schwarz im Gesicht, bis wir es mitkriegten: der Kerl verbrach sich an 'Bridge over troubled Water.'

Dann dehnte sich vor uns der Platz, ein gewaltiges Gelände, offensichtlich neu angelegt, mit ein paar alten Palmen und unzähligen kleinen neuen. Ich teete auf – und musste sofort meinem Ball gegen die Schlagrichtung hinterher hechten. Vielleicht war an den Saugnapf-Tees doch etwas. Beim zweiten Versuch, etwas zu hastig, weil der Ball schon wieder zu tanzen begann, kam die Murmel gut weg, bis der Wind sie so richtig packen konnte. Der Ball landete in einer amerikanischen Eiche, in der hunderte von Blauhähern Zuflucht gesucht hatten. Die Gegend wurde blau, sie machten einen gewaltigen Skandal daraus. Gerhard erschlug sich um ein Haar mit dem zurückkommenden Ball selbst. Konstantin wollte als erster die Segel streichen. Doch Frank brüllte, wir müssten ja nur neun Löcher gegen, die anderen hingegen mit dem Wind spielen. Er übersah dabei ein Gesetz, über das Radfahrer alles wissen: der Wind ist immer gegen dich!

Einmal war der Wind (oder vielmehr Sturm) in der Tat mit mir, an einem Par Drei. Mit dem Sandwedge erwischte ich eine ferne Palme. Vom reinen Standpunkt des Golfers aus ist man ohne Palmen besser dran. Aber an dieser hatte ich das einzige Golferglück des Tages. Die Amerikaner nennen diese Sorte 'cabbage palms', weil der Stamm wie von abgeschnittenen Kohlstrünken umgeben ist. Als ich da unter dieser Palme stand und versuchte, duch unbestimmtes Stochern mein Eigentum zurück zu erlangen, stand ich plötzlich unter einem Regen von Bällen. Genau genommen waren es sechs, die ich redlich aufteilte, weil unsere Bestände schmolzen wie Butter an der Sonne. Sie reichten noch nicht einmal bis zum 'greatest green on earth', einem Grün, auf dem man ein Fernrohr für den Flaggenstock brauchte und auf dem man bei uns eine Reihenhaus-Siedlung mit eigenem Bürgermeister unterbringen könnte. 'Allmächtiger!' sagte Konstantin. Wir fuhren zurück über die 'Bridge over troubled Water', kauften Mark Zwo seine Bestände an 'experienced balls' ab und malten uns auf der Fahrt zurück aus, was wir Mark Eins an der Rezeption alles erzählen würden. Aber da stand er, ein entwaffnend strahlender Mark, und sagte: 'Jungs, Ihr hattet einen rauen Tag. Das Management überreicht Euch vier Gutscheine für ein Gratisdinner im Palmengarten.' Und da saßen wir dann abends, der Wind war zu einem Säuseln abgeklungen, und leckten unsere Wunden. Wenn mir heute ein Neunmalkluger etwas von 'halt den Ball unter dem Wind!' erzählen will: wir sind die Veteranen. Wir überlebten Spring Lakes in Florida."

Ein Blitzschlag erhellte das „Loch 19", es krachte wie bei einem Einschlag. Die Lichter flackerten und gingen aus. Der Wirt verteilte Kerzen.

„Aber Ihr hattet es warm da in Florida", sagte Michael Grollert. „Etwa zur gleichen Zeit war hier Angolfen. Der Tag war bleigrau, aber fing trocken an. So kamen eine ganze Menge aus den Winterlöchern für den ersten Test auf die neue Saison. Etwa auf der Hälfte der Runde fing es an zu schneien. Erst war's ganz lustig, so ab und an eine Flocke. Dann wurde es systematisch, eine Art horizontales Schneetreiben. Wir holten routiniert die roten Bälle raus. Es war pappiger Schnee. Er fing an, den Platz zu überziehen. Das Zeug setzte sich unter die Spikes, wir wurden immer höher. Ich spielte damals mit Waldemar Dental. Der Bursche war untröstlich, weil seine Chance auf einen guten Score mit dem Abbruch des Turniers vorbei war. Seht Ihr, der arme Kerl ist Pollenallergiker, in der nächsten Zeit musste er sich sowieso verkriechen."

Die Lichter im Clubhaus gingen wieder an. Ernst Dröge hatte schon die ganze Zeit versucht, eine Bemerkung los zu werden. Nun aber war kein Halten mehr.

„Ihr wisst doch: es gibt gar kein schlechtes Wetter. Es gibt nur nicht angepasste Kleidung."

„O Herr!" stieß Robert Frischer mit Tucholsky aus. „O Herr! Gib mir Ohrenlider, damit ich sie verschließen kann vor den Allgemeinplätzen der Nachplapperer."

Dröge war beleidigt. Robert aber wedelte ihn nieder und hob an:

„Ich will Euch sagen, warum ich so allergisch auf diesen Satz reagiere. Wie Ihr wisst, gibt es furchtbar wichtige Turniere, lange vorweg geplant, von denen man meint, man müsse sie unbedingt wahrnehmen. So war's auch im letzten September. Es hatte schon seit Tagen geregnet. Gleichmäßig. Ergiebig. Warum der so friedlich unter dem trüben Himmel da liegende Golfplatz eine solche Provokation für die Wolken war, blieb unerfindlich. Gehüllt in die für solche Fälle von Seve Ballesteros empfohlene Kleidung näherte ich mich einem Mann, der bereits am Abschlag stand. Der Mensch schien tief in Gedanken versunken. Die Tropfen, die von seinem Schirm nieder rannen, hatten einen ringförmigen Kanal um seine Person geschaffen. Ich räusperte mich und fragte: 'Kennen Sie das Wort des Narren aus Shakespeares König Lear?' Der Mann hob den Schirm ein wenig. Fasziniert sah ich, dass seine außerordentlich prominente Nase für ein paar fürwitzige Tropfen zur Sprungschanze wurden. 'Nein,' sagte er, 'kenne ich nicht.' 'Na ja,' erläuterte ich, 'in der Tragödie hat der Narr das komische Zwischenspiel zu sein. In 'King Lear' wird er ein Fall für Büchmanns gefügelte Worte, weil er so trübsinnig wiederholt: 'Der Regen, er regnet einen jeglichenTag.' ' Nase fixierte mich und fragte: 'Ist das nicht ein bisschen anzüglich, so beharrlich von Narren zu sprechen?'

Ehe ich das ausbügeln konnte, näherten sich zwei weitere... äh... Herren. Wir bildeten ein Regenschirm-Kleeblatt und tauschten hastig die Zählkarten aus. Der Mann mit dem niedrigsten Handicap schlug ab, sah einem ordentlichen Ball hinter her und sagte munter: 'Na, Sie wissen ja: Es gibt kein schlechtes Wetter, sondern nur unangepasste Kleidung und falsche Stimmung. Schönes Spiel allerseits!' Der Mann mit dem gewaltigen Zinken zuckte auf jene Weise zusammen, die sensible Gemüter bei der Wiederholung von Kalauern durchfährt. Er schlug einen geraden Ball, wobei seine Nase eine Extra-Schwungstudie wert gewesen wäre. Schweigsam folgte der Dritte im Bunde. Ich slicete meinen Ball ins Unterholz. Bei der Suche, bei der meine Mitbewerber vornehm reserviert blieben, schnippte ich mir eine Sonderration Wasser in den Kragen.

Eine Weile herrschte jene mufflig-angespannte Atmosphäre, die man auch aus Prüfungen kennt. Der Regen rann unaufhörlich vom Himmel. Dann geschah dies. Der Schweigsame schlug einen guten Ball über 180 Meter auf ein erhöhtes Grün. 'Super!' brüllte der Muntere. Als wollte der Ball das vorschnelle Wort Lügen strafen, kam er eine Winzigkeit aus der Flugbahn und schlug hoch aufspritzend in einen randvoll mit schlammigen Wasser gefüllten Bunker ein. Der Schweigsame stapfte zum Tatort, blickte in die trübe Brühe, fischte seinen Ball mit einer Harke heraus und sprach seine einzigen Worte des Tages: 'Zähler! Notieren Sie: Abbruch an Loch sechs.' Sprach's, drehte sich um und ging, den Regen teilend, in Richtung Clubhaus. Wir schüttelten tropfensprühend unsere Häupter. 'Kein Sportsgeist!' urteilte Nase. 'Mit dem Kerl wäre ich nicht gerne in einer Team-Wertung.'

Wir spielten weiter, bis wir an Loch 13 zum Abschlag eines langen, talwärts führenden Par Drei kamen. 'Sehen Sie auch, was ich sehe?' fragte ich ungläubig. Die Flagge ragte aus einer Wasserfläche heraus, die an den Rändern etwas grünlich schimmerte. Man bestätigte meine Wahrnehmung. Wir ließen uns alle einen Chip. 'Hat St. Andrews schon mal den Fall beraten, dass ein Grün in Gänze zum Wasserhindernis mutiert ist?' fragte der Muntere etwas gedämpft. 'Meine Herren!' sagte Nase. 'Wir lassen das später entscheiden. Jetzt nähern wir an.' 'Dem Arzt Stableford sei ewiger Dank für seine spielverkürzende Idee', sagte der Muntere etwas später. 'Drei Striche, die Herren!'

In diesem Augenblick kam die Erlösung. Ein schlammverkrusteter Spielleiter, der ein wenig hinkte, erschien atemlos und stieß hervor: 'Ja wissen Sie's denn nicht: das Turnier ist längst abgebrochen. Konnte Euch nicht eher Bescheid sagen, weil ich mit dem verdammten Cart umgekippt bin und erst verarztet werden musste.'

Ein großes Hallo empfing uns im Clubhaus. Nichts scheint erheiternder als drei Tröpfe, die im Regen weiter spielen, während alle anderen bereits Höchstleistungen an Loch 19 vollbringen. Gewertet wurden die ersten neun Löcher. Immerhin: Einer von uns drei Musketieren war der Sieger: der Muntere. Er begann seine Dankesrede für den Pokal mit den Worten: 'Wie Sie ja wissen, gibt es kein schlechtes Wetter für Golfer, sondern nur schlechte Kleidung...' Nase raunte mir zu (wir waren inzwischen zum Du übergegangen): 'Würdest Du sagen: Ein Eisen Sieben über den Schädel oder lieber ein Wedge?' 'Unbedingt letzteres!' sagte ich. 'Denk' an den für diese Zwecke sehr geeigneten Flansch.'

Um Mitternacht standen wir auf der Terrasse. Der Himmel war

sternenklar, die Welt sauber gewaschen. Ein Glas und eine Nase reckten sich empor. 'Petrus, Du alter Gauner! Warum musstest Du solch ein Spielverderber sein?'"

Robert schwieg. Es schien das angemessene Schlusswort für den Abend. Und war doch nur eine Frage, die niemand beantworten kann.